Vävar vi aldrig glömmer

Maria Adlercreutz – politisk konstnär

Eva Brita Järnefors

Redaktör, formgivare, utgivare Eva Björklund
© Maria Adlercreutz/Bildupphovsrätt 2016
© Författarna

2:a Reviderade upplagan

Förlag: BoD - Books on Demand, Stockholm, Sverige
Tryck: BoD - Books on Demand, Norderstedt, Tyskland

ISBN 9789176993873

Omslagsbild

Maria Adlercreutz fångas av en pressbild tagen vid en folklig demonstration 1973 i Santiago i Chile. Upprörda människor demonstrerar mot militärkuppen. 2010 provväver hon den centrala personen i bilden. En man som med intensiv blick ropar ut sin vrede. Väven kallar hon Ropet.
När Maria blir sjuk har hon vävstolen med hela bilden stående vid sängen och arbetar på den in i det sista. Väven i sin helhet blir aldrig klar.

Innehåll

Förord *Eva Björklund*	5
Två samarbeten och en vänskap *Eva Persson*	9
Vävar vi aldrig glömmer *Eva Brita Järnefors*	17
Biografi	70
Verklista	73
Bildlista	76
En självdeklaration av en väverska *Maria Adlercreutz 1972*	78

Bilaga:
Maria Adlercreutz Stipendiefond

Författare

Eva Björklund
Arkitekt

Eva Brita Järnefors
Journalist

Eva Persson
Utställningsproducent

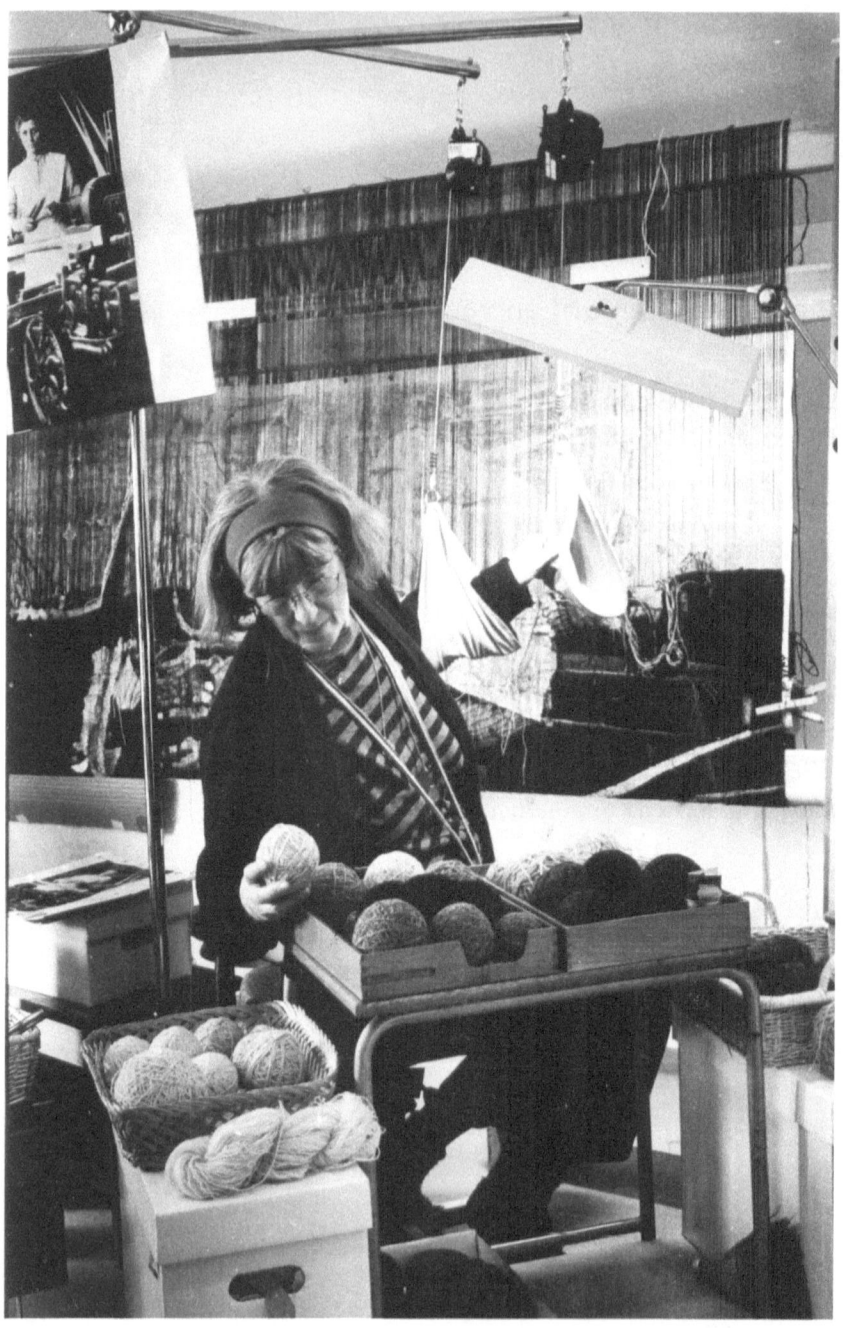

Maria arbetar med väven Hanna Keller i ateljén på Ringvägen 1991.

Förord

Maria Adlercreutz trädde tidigt fram som politisk konstnär. Redan 1972, då USA:s krig i Vietnam pågick i full skala, hade hon en separatutställning på Galleri Heland i Stockholm. Hennes vävar blev starka och oförglömliga inlägg mot USAs krigsförbrytelser. En av dessa, med skakande bilder från massakern i Son My, gjorde särskilt starkt intryck. Väven *I hennes ögon bevaras folkets ljus* består av två delar och visar till vänster ett porträtt av textilarbeterskan Le Thi Rieng, en av ledarna för Vietnams befrielsefront FNL, som tillfångatagen och torterad av USA-styrkor förs bort för att skjutas. Till höger skräckslagna kvinnor och barn inför soldaternas gevär.

Maria förmedlade kärlek, smärta och motstånd i vävens mjuka struktur – men också raseri. Just denna vävda bild borrade sig fast i mångas minne. Det är den vi först tänker på, när vi hör Maria Adlercreutz namn. Under hela sitt liv fortsatte hon med övertygelse och envishet sitt arbete för att "göra världen begriplig" med som hon själv sa: "Bilder man inte får glömma".

Våren 2015, i samband med den retrospektiva utställningen av textilkonstnären Veronica Nygrens verk, frågade Thielska Galleriets intendent, Patrik Steorn, Marias vän Eva Brita Järnefors om hon ville hjälpa till att förbereda en utställning med Marias vävkonst. Eva Brita inledde då, tillsammans med mig och ett par till av Marias närmaste vänner, detektivarbetet att spåra hennes konstverk, spridda som de var på olika museer och institutioner över hela världen och hos privatpersoner.

Med omfattande litteraturstudier och intervjuer med Marias vänner som grund, har Eva Brita Järnefors också skrivit huvudartikeln – *Vävar vi aldrig glömmer* - i denna bok om Maria Adlercreutz liv och politiska konstnärskap. Eva Persson berättar i "Två samarbeten och en vänskap" om Riksutställningars stora vandringsutställning 1972-78 med Maria Adlercreutz "Vävda bilder". Den öppnades i Stockholm på Nationalmuseum samma dag som Vietnams folk utropade sin seger över USA den 30 april 1975. Samarbetet fortsatte med att Eva Persson sedan för Arbetets Museum beställde den väv som blev Marias porträtt av textilarbeterskan Hanna Keller år 1994.

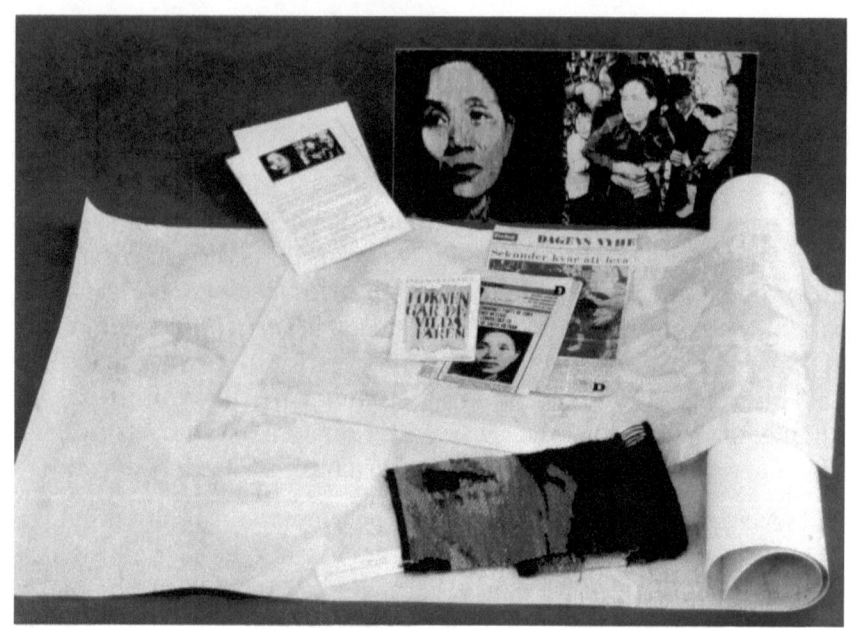

Material för väven I hennes ögon bevaras folkets ljus.
Riksutställningars vandringsutställning Vävda bilder.

Thielska Galleriets retrospektiva utställning *Med världen i väven* som visas under oktober 2016 till februari 2017 innehåller de flesta av Marias politiska vävar. Nationalmuseum har lånat ut fyra gobelänger med motiv från kriget i Vietnam: *Fyra bilder av tredje världen, I hennes ögon bevaras folkets ljus, Sydvietnamesisk flyktingpojke, Nordvietnamesisk skolflicka* och *Syskonen*. Med på utställningen finns också *Skråpuken*, en politisk satir över den europeiska kolonialismen. Här finns även *Theodorakissviten* som Maria gjorde i protest mot militärjuntans terror i Grekland och en provväv av *Ropet*, mot militärjuntan i Chile. *Skogsanden* var den sista väv som Maria hann färdigställa före sin död. Den testamenterade hon till Museum Anna Nordlander i Skellefteå. Den visas nu för första gången i Stockholm.

Samtidigt med utställningen på Thielska Galleriet ställer Handarbetets vänner ut Marias monumentala väv *Det vita mörkret* som belyser våldets vithet i apartheidregimens Sydafrika. Förutom de många vävarna med politiska motiv, vävde Maria många verk med existentiella teman och naturskildringar. Många av dem finns också med på Thielska Galleriets utställning.

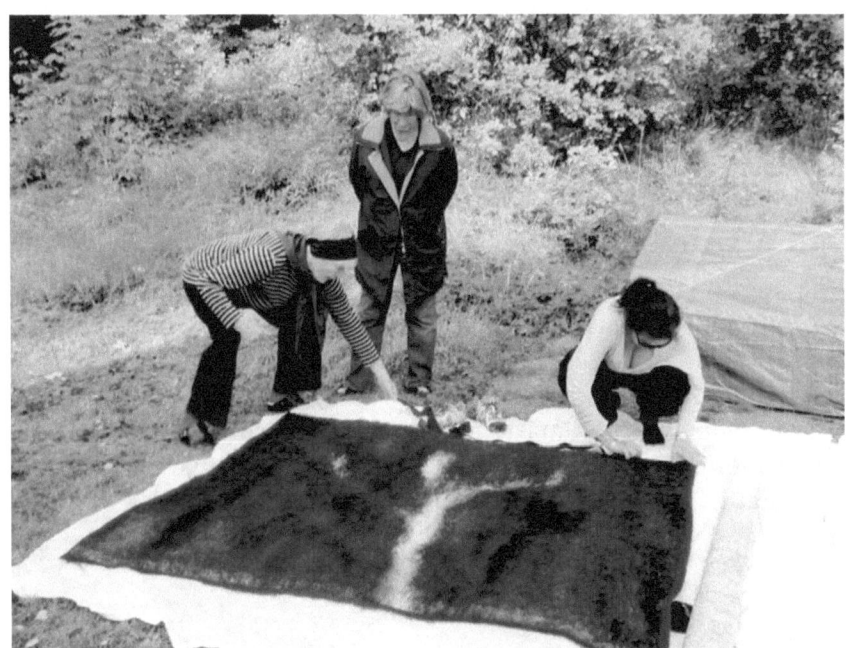

Skogsanden, 2014, 160 x 180 cm. "Gröna huset" på Blockhusudden var samlingsplats för vännerna. Där odlade Maria rosor och mynta. På gräsmattan finns äppel- och päronträd, och plats att lägga ut väven Skogsanden för en sista justering.

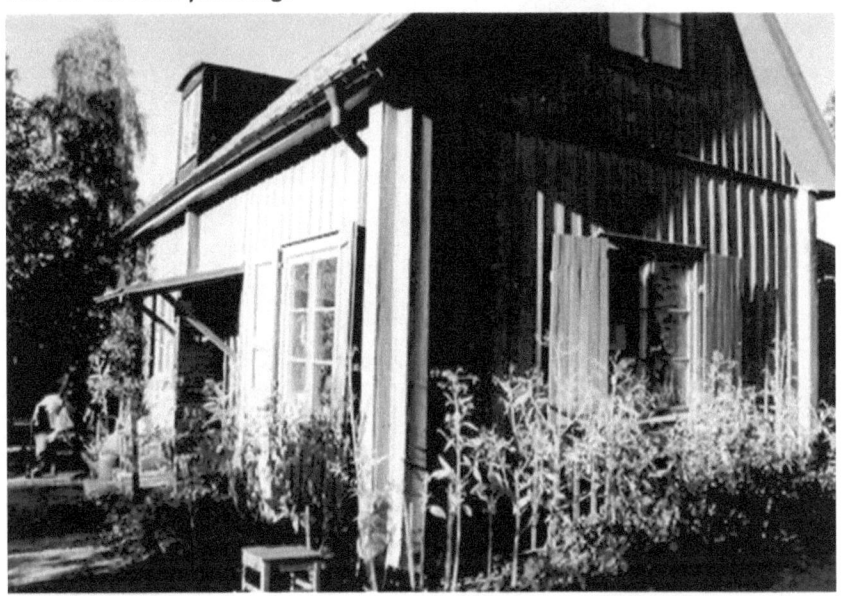

Vävar vi aldrig glömmer

Maria växte upp i Thielska Galleriets tjänstebostad, där hennes far Akke Kumlien var intendent från 1946 till 1949, då han avled. Flera år senare fick Maria och hennes mor Anna-Lena möjlighet att flytta in i "Gröna huset" på Blockhusudden, strax ovanför Thielska Galleriet. Där bodde och arbetade Maria också under långa perioder fram till sin död i april 2014.

Med utsökt omsorg och noggrannhet tog Maria hand om allt från idé till färdig väv. Hon växtfärgade själv garnerna och provade sig fram för att finna material med den färg, textur och glans som behövdes för varje bilds särskilda innebörd. Arbetet krävde stort tålamod. Som Maria sa: "Att väva tar lång tid – det är opraktiskt." Maria vävde för att "vi måste minnas det oerhörda". Med denna bok vill vi som medverkat ge en inblick i ett stort konstnärskap och ett vänsällt liv, format av kärlek och politisk övertygelse.

Eva Björklund

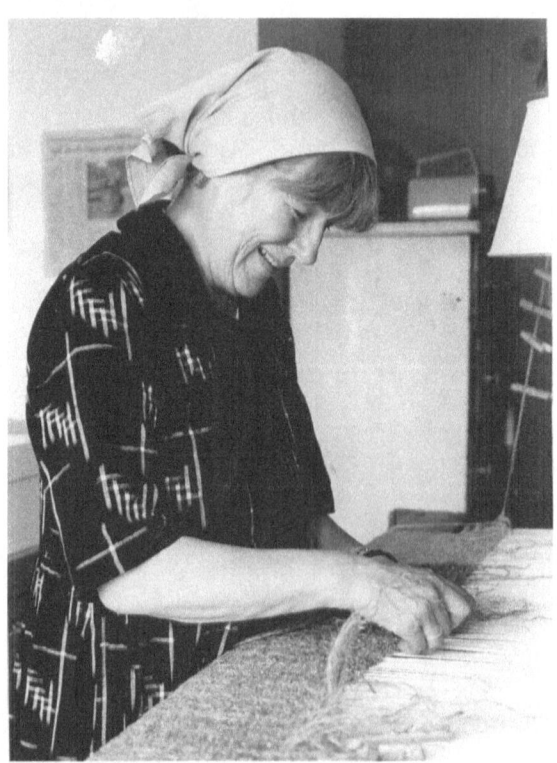

Maria vid vävstolen i ateljén på Ringvägen.

Två samarbeten och en vänskap

"Maria, det är fred!" Orden studsade i garderobiären på bottenvåningen i Nationalmuseum. Där befann sig Maria Adlercreutz. Hon lade sista handen på "Vävda bilder", en vandringsutställning i Riksutställningars regi, som i april 1975 gjorde ett gästspel i huvudstaden. Portarna skulle strax öppnas. Vännen Harald Langkjaer gick in i förväg för att överraska med den historiska nyheten. Maria lämnade omedelbart sina sysslor och gick mot Harald. De föll glädjestrålande i varandras armar. Det var fred i Vietnam.

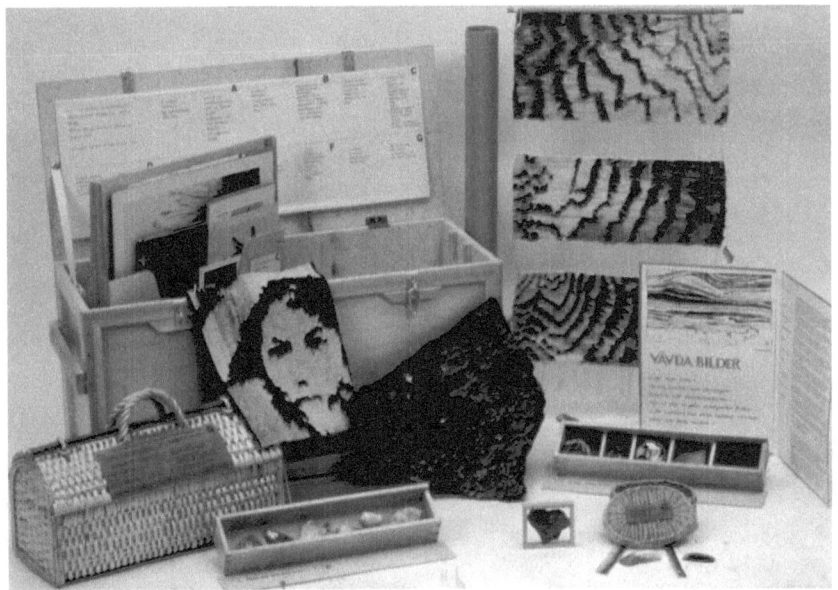

Materiallåda, Riksutställningars vandringsutställning Vävda bilder.

"Vävda bilder", där Marias stöd för FNL, befrielserörelsen i Vietnam, var allestädes närvarande, öppnades i Stockholm den 30 april, samma dag som det långa koloniala kriget upphörde - med seger för FNL. Det var en handling som såg ut som en tanke att utställningen nu stod i det museum som redan tidigare hade inköpt Marias mästerverk bland Vietnambilderna: *I hennes ögon bevaras folkets ljus* - ett porträtt av textilarbetaren och motståndskvinnan Le Thi Rieng.

Tre år tidigare hade Maria haft sin genombrottsutställning på

Galleri Heland i Kungsträdgården i Stockholm. Jag bad Maria, som jag då aldrig träffat, att komma till Riksutställningar för att diskutera om vi kunde göra en vandringsutställning med hennes vävar. Vi var rätt många vid sammanträdet; producent, tekniker, distributör, informationsansvarig, representant för mottagarsidan, ja alla som Maria skulle komma att arbeta med, om utställningen blev godkänd av Riksutställningars styrelse. Var och en ville berätta vad som krävdes för att en vandringsutställning skulle fungera. Bara Maria satt tyst, svarade med viskande röst på frågor hon fick. Hon föreföll mer än bräcklig. Skulle hon klara av alla dessa talföra statstjänstemän, kanske skulle hon dra sig ur?

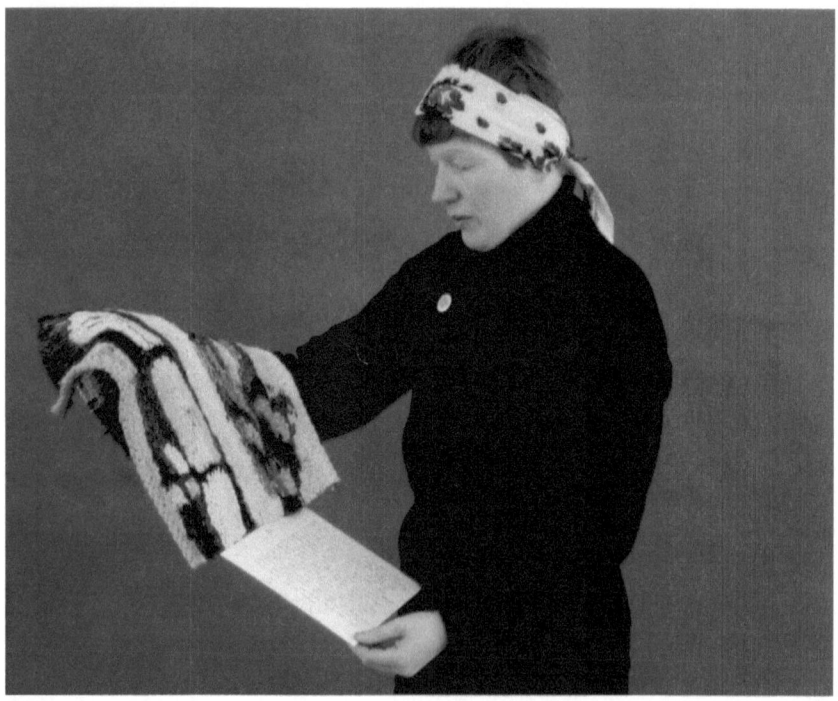

Maria följer Riksutställningars vandringsutställning Vävda bilder runt om i landet, visar och berättar.

Min oro var obefogad. När utställningen väl var godkänd tog Maria kommandot, milt och med största respekt för var och ens sakkunskap. Hon visste precis vad hon ville visa, inte bara vävarna utan hur de kom till idémässigt och praktiskt. Hur hon färgade garnet själv av rötter och lavar, hur minsta snäckor och stenar hjälpte henne att se mönster i naturen, hur samhälleliga orättvisor och privata sorger gestaltades, hur de fega förtryckarna hotades av de förtrycktas genomskådande blickar.

Det blev en sinnlig utställning med politisk sprängkraft. Och så efterfrågad av studieförbund och skolor att Maria fick Riksutställningars uppdrag att ställa samman flera studielådor. I dem trängdes garnprover, barkskivor från döda träd med förtrollande mönster, diabilder av ortoceratiter och andra fossil som hon fotograferade i trapphallar. För skolpaketen vävde hon porträtt av klarögda vietnamesiska skolbarn som de svenska barnen skulle kunna identifiera sig med.

Utställningen vandrade runt Sverige till 1978 och Maria reste ut till många orter där den visades och kanske ännu mer till studieförbundet Vuxenskolans cirklar som beställt ett av studiepaketen. Hon kom alltid hem glad och stärkt av dessa möten med publiken.

Jag var förvånad över att Maria tillät vävarna visas helt oskyddade. Utställningen var tänkt för bibliotek, små lokaler med få tomma väggar, gärna på mindre orter. Sprida kultur till folk som bodde långt från städerna var ett av Riksutställningars kulturpolitiska uppdrag. Teknikerna hade därför byggt en smart genomsiktlig ställning där alla vävar rymdes och varur besökarna kunde dra ut väv för väv, som i ett tavelmagasin på museum. De kunde känna på trådarnas kvalité och strukturen hos vävarna. Nationalmuseum hade inte velat låna ut *I hennes ögon bevaras folkets ljus* till ett sådant experiment Det var tur. På turnéns sista anhalt, ett bibliotek i Nacka, var det inbrott, och tjuvarna stal fem vävar. De återfanns aldrig. Ännu i dag är det svårt att tänka på denna händelse. Att Maria blev alldeles förtvivlad är lätt att förstå. Jag borde ha varit klok nog att inse faran med det generösa tilltalet i utställningen.

I nästan 40 år målade Maria akvarell i halländska Haverdal – då hon bodde en vecka i vårt sommarhus. Oavsett väder vandrade hon i stora gröna stövlar, rymliga blå jeans, vindtät anorak och en röd liten duk runt halsen ner mot havet där hon satte sig med sina block, alltid ganska små, sina två färglådor och penslar på en sten eller för vindens skull bakom en sanddyn. Oftast stod hon upp och hade ett antal block med påbörjade bilder runt fötterna. Hon ville fånga ljuset, och klagade på att det skiftade för snabbt. Medan hon böjde sig

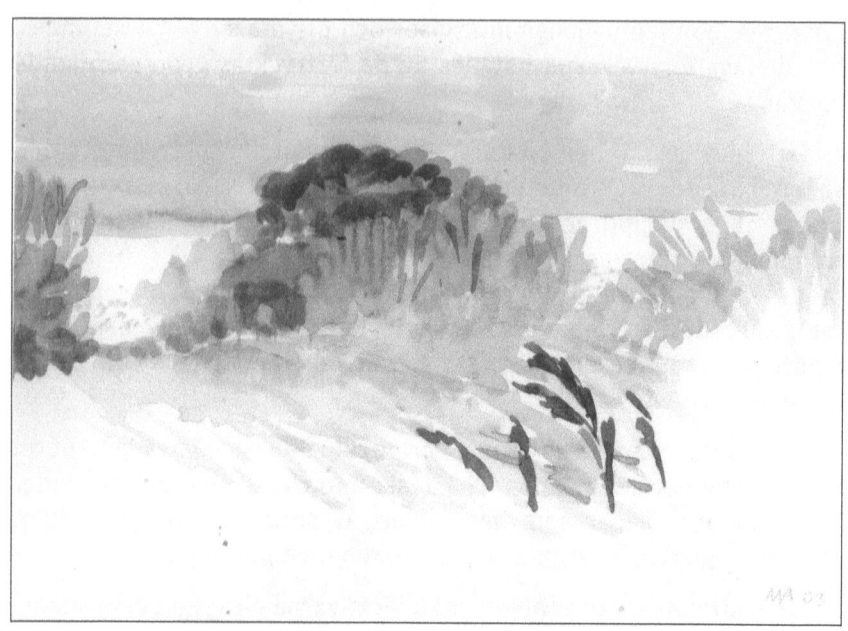

Akvarell, Haverdal 2003. Utställning på Länsmuseet, Halmstad 2006.

ner för att doppa penseln i vattnet kom några moln farande och det speciella ljuset, som hon höll på att fånga, försvann.

Dessa snabba akvarellstudier vid Kattegatt, men också i Stockholms skärgård och i fjällen, var förutsättningarna för och gav näring till det långsamma arbetet vid de olika vävstolar som hon alternerade mellan vintertid.

I början av 1990-talet samarbetade vi igen. Jag var då konstnärlig ledare vid Arbetets museum i Norrköping som var under uppbyggnad. Maria var en av sju konstnärer som fick i uppdrag att porträttera en textilarbetare. Norrköping hade ju inte bara varit en av Sveriges viktigaste textilstäder, det blivande museet hade till yttermera visso övertagit ett nedlagt spinneri för sin verksamhet. I hemlighet hyste jag tanken att dessa textilarbetarporträtt skulle vara startskottet för en mycket större samling arbetarporträtt från hela landet och alla industrigrenar och på så sätt bli en folkets motsvarighet till Nationalmuseums porträtt av eliten på Gripsholms slott.

När konstnärerna hade accepterat uppdragen parades de ihop med en vävlagare, i praktiken vävstolslagare, respektive några maskinvävare och en rullerska - spinneriarbete - som var villiga att sitta modell.

Maria sa redan från början att hon föredrog att utgå från ett fotografi i stället för levande modell. Jag rekommenderade ett besök på bildarkivet i Stadsmuseet i Norrköping, ett par steg över bron till fastlandet. Där fastnade hon för blicken hos en myndig kvinna i rent och vitt förkläde som står, eller poserar efter fotografens anvisningar, mellan sina vävstolar i ett virrvarr av drivremmar och med sitt arbetsverktyg - en skyttel - i händerna. Med trotsig mun och genomträngande blick är hon på sin vakt. Hon heter Hanna Keller och arbetar på det välkända lakansväveriet Tuppen – troligen mellan 1910-20.

Fotot hade nyligen lämnats in till bildarkivet av en herre från Finspång som enligt uppgift hade mer att förtälja om bilden. Jag minns inte om Maria fick kontakt med honom, men jag kommer ihåg att hon sökte upp en yngre kvinna som var släkt med Hanna och gav henne några få uppgifter om väverskans liv.

Skulle Maria hinna väva denna bild? På så kort tid som vi önskade! Jag tänkte på hennes sydafrikaväv *Det vita mörkret* och naturbilden – sagoberättelsen - *Skogsanden* som hon hade i vävstolarna och säkert varje dag i tankarna. *Skogsanden* avslutade hon 2014 och *Det vita mörkret* togs ur vävstolen - så gott som avslutad - efter Marias död. Tydligen lade hon dem nu åt sidan, koncentrerade sig på Hanna Keller.

Men hon ville inte skriva kontrakt på uppdraget och inte ta emot något förskott – det skulle pressa henne och i en sådan situation kanske hon måste leverera något som hon inte var nöjd med. Jag minns min oro som jag försökte dölja. Senare vittnar vänner om att Maria greps av oro när hon hade tagit ner väven och, som brukligt, justerade med garn som hon plockade in för hand eller med nål. Hon hade svårt med Hannas ögon, blicken som avgjort hennes val av foto. I en prov väv av ansiktet hade hon lyckats bättre än i den stora väven.

Jag behöver väl inte säga att Maria levererade sin väv, korrekt monterad, inom utsatt tid. Det blir Maria Adlercreutz monumentala och mänskliga bild av *Hanna Keller* som bidrar till vårt minne av Sveriges industriella pionjärtid, grunden för landets välstånd.

Eva Persson

Sidor ur
ETT BREV OM BILDER
i Riksutställningars vandringsutställning Vävda bilder

Denna skrift ingår i utställningspaketet
VÄVDA BILDER
som är en presentation av textilkonstnären
MARIA ADLERCREUTZ

Utställningspaketet innehåller:
Sex vävar och tre provvävar.

Katalog: genomgång av de i paketet ingående vävarna med avseende på materi-
al och teknik. Hur man kan använda vissa material för vissa motiv.

Bild- och ljudband: motiv i natur och gatumiljö, bilder hämtade från mass-
media. Var man kan finna motiv. Varför man väljer dem, hur man
kan arbeta med dem: associera, sammanställa, projicera.

Inspirationsmaterial: stenar, skisser av stenar, teckningar av Dürer,
bok om Hannah Ryggen. Dvs. material som inspirerat Maria Adler-
creutz i hennes arbete.

Berättelsen om en väv: färgfoto av väven, originalskiss i blyerts, förlaga
i skala 1:1 provväv, tidningsklipp, diktbok. Avsett för fördjupnings-
studier i en enda väv, nämligen I hennes ögon bevaras folkets ljus.

Färgdel: garnprover, bok om färgning, prislistor, färgkartor, lav. För dem som
är intresserade av att färga själv.

Presentation av Maria Adlercreutz: artikel ur tidskriften Form. Dia-
bilder och foton tagna i Marias ateljé.

Ett brev om bilder: ett försök till sammanfattning. Hur ser vi bilder? Hur
uppfattar vi bilder? Varför behöver vi bilder? Hur kan man göra bilder?

Utställningspaketet är sammanställt av Maria Adlercreutz
i samråd med representanter för Riksutställningar och Studieförbundet Vuxenskolan.
För foto- och ateljéarbeten svarar Karl Olov Bergström, Olof Wallgren och Ragnar Johannesson, Riksutställningar.
Skriften Ett brev om bilder är skriven av Maria Adlercreutz
som också svarar för formgivningen i samarbete med Magnus Adlercreutz.
Bilderna är hämtade från svenska och utländska tidningar samt Erik Erikssons Dagbok från Nordvietnam.
Projektledare: Eva Persson
Produktion: Riksutställningar för Studieförbundet Vuxenskolan.

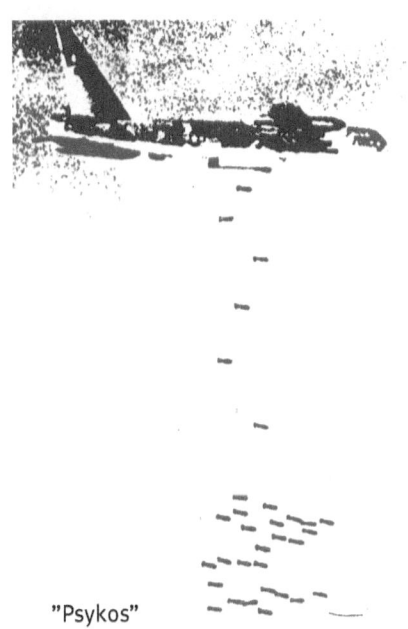

"Psykos"

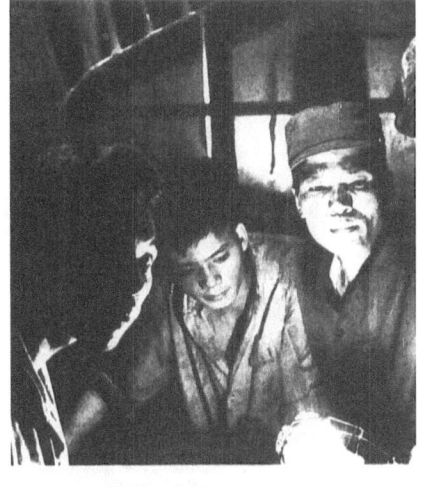

Bilder av meningsfyllt, krävande arbete - människor i samarbete i gemensam ögonhöjd.

"Bilder av ett meningsfyllt krävande arbete
- människor i samarbete i gemensam ögonhöjd"

Turnéläggare: IJ

TURNEPLAN FÖR UTSTÄLLNINGEN "VÄVDA BILDER" NR. 1251

Eskilstuna	Stadsbiblioteket	1975-06-17 – 08-17
Uppsala	Länsbildningsförbundet:	
Bålsta	Biblioteket	1975-08-25 – 09-05
Uppsala	ABF	1975-09-10 – 09-25
Finspång	Biblioteket	1975-10-06 – 10-19
Vara	Länsbildningsförbundet	1975-10-27 – 11-30
Upplands Väsby	Kulturnämnden	1975-12-08 – 1976-01-06
Mora	Folkbiblioteket	1976-01-12 – 01-31
Sveg	Bäckedals folkhögskola	1976-02-09 – 02-15
Sundsvall	Museet	1976-02-23 – 03-21
Örnsköldsvik	Biblioteket	1976-03-29 – 04-19
Järfälla	Kulturnämnden	1976-04-26 – 05-09
Saltsjöbaden	Vår gård	1976-05-17 – 06-20

Riksutställningar - översyn och reparation

Simrishamn	Kulturnämnden	1976-08-23 – 09-12
Halmstad	Medborgarskolan	1976-09-20 – 10-03
Ängelholm	Kulturnämnden	1976-10-07 – 10-17
Staffanstorp	Kulturnämnden	1976-11-01 – 11-21
Gislaved	Biblioteket	1976-11-29 – 12-12
Götene	Kommunbiblioteket	1976-12-16 – 1977-01-16
Köping	Kulturnämnden	1977-01-24 – 02-06
Västerås	Vuxenskolan	1977-02-14 – 02-27
Strängnäs	Museet	1977-03-07 – 03-20
Tyresö	Kommunbiblioteket	1977-03-28 – 04-17
Gävle	Museet	1977-04-25 – 05-15
		1977-05-23 – 06-05

Vävar vi aldrig glömmer

Vävar vi aldrig glömmer

Maria Adlercreutz – politisk konstnär

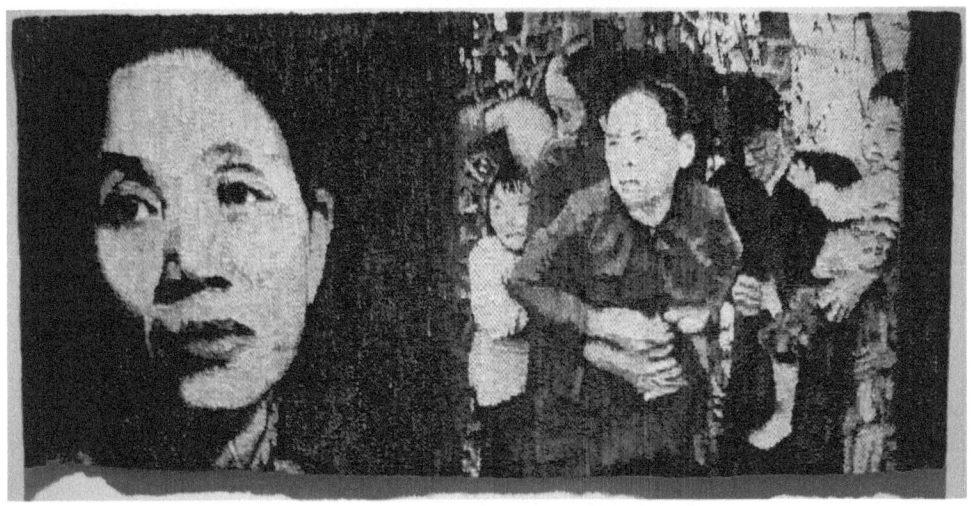

I hennes ögon bevaras folkets ljus, 1972, 86 x 190 cm.

Det ringer på dörren till Tidskriften Kommentars redaktion. Utanför står en vacker och stillsam kvinna. Klädd i hemvävd rutig bomullsrock, brett pannband över det tjocka havregula håret och en korg över armen. Hon presenterar sig som Maria Adlercreutz, bildväverska, och förklarar att hon söker ett speciellt fotografi från Son My i södra Vietnam. Orten där 504 kvinnor och barn 1968 sköts ihjäl av nordamerikanska soldater. Bilden behöver hon för en planerad väv. Hon letar i vårt arkiv med bilder från tredje världen, men fotografiet finns inte där.

Året är 1971 och USAs krig i Vietnam pågår med oförminskad styrka. Maria Adlercreutz tillhör dem som demonstrerar mot USAs krig. "Jag måste göra mitt ställningstagande tydligt", säger hon till tidskriften Paletten. Under en resa till Kuba 1968 såg hon en bild i dagstidningen Granma som hon tar med sig. Det är ansiktet av Le Thi Rieng, 43 år, textilarbetare och medlem av befrielseorganisationen FNLs centralkommitté i södra Vietnam. "Avrättad", som Maria Adlercreutz skriver i Göteborgs konsthalls katalog, "av Pentagons utsända".

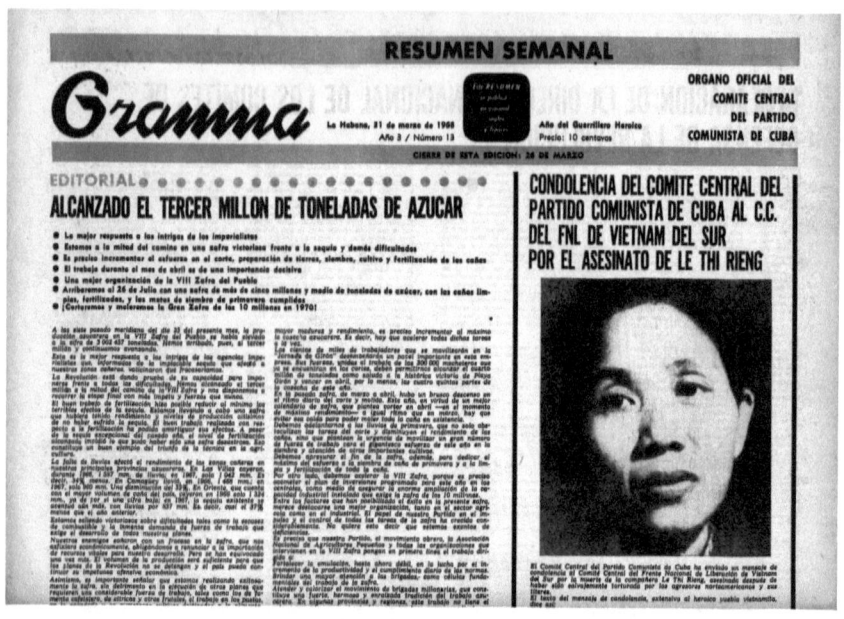

Kubanska dagstidningen Granmas förstasida 31 mars 1968.

Maria Adlercreutz använde ofta pressbilder som förlagor. Fotografiet från Son My har hon till slut hittat i Dagens Nyheter. Hon ställer 1972 ut *I hennes ögon bevaras folkets ljus* (1972) på Galleri Heland i Stockholm. Kommentars redaktion är inbjuden. Titeln hämtar hon från Ingemar Leckius dikt *Under järnhimlen*. På vänster sida av verket finns porträttet av Le Thi Rieng, kvinnan som vigt sitt liv åt befrielsekampen. Stora sorgsna ögon blickar ut, inte uppgivet, men så fyllda av sorg att hennes ansikte tränger in i betraktarens ögon. Väven omnämns ofta som den "med kvinnoansiktet" eller den "med blicken".

På höger sida av väven är bilden från Son My. En ung kvinna med en liten pojke på armen knäpper sin uppslitna blus. En gammal kvinna och en flicka utstrålar en ofattbar smärta och skräck sekunderna innan de skjuts till döds av USAs soldater.

"Jag tyckte det var meningsfullt att ställa samman de här bilderna", förklarar Maria i en TV-intervju. "Man måste se dem. De går inte att förtränga. Le Thi Rieng mördades efter lång tortyr. Hon har varit med om samma upplevelse som de i den andra bilden."

När Maria Adlercreutz ställer ut *I hennes ögon bevaras folkets ljus* i Konsthallen i Göteborg 1973, skriver hon om Le Thi Rieng i katalogen:

Hon utsäger anklagelsen: folkmord
Hon reser kravet: kamp – för ett människovärdigt liv
Ljuset i hennes ögon
kommer alltid att vittna
om den seger
som tillhör framtidens
grönskande hjärta

Son My-bilden är vävd i gråskala. "All färg vek tillbaka för denna verklighet, inga nyanser eller tillägg var möjliga att göra", säger Maria Adlercreutz i en intervju i Paletten. Le Thi Riengs ansikte är motbilden. Vävt i lavafärgat garn. "Jag har känt en överensstämmelse med den varma guldbruna färg som finns dold i stenlaven och den obrutna kampvilja och mänskliga värdighet Le Thi Rieng utstrålar."

För att få fram pixlarna - de små punkterna i skalan vitt till svart - använder Maria grov tuskaft, "närmast att likna vid strumpstopp", som något påminner om tidningsraster. Hon väljer ull som ger mest "värme och tyngd". Ett material som också "kommer sinnena nära, inte bara tanken". Och lin och silke på linvarp som ger väven en slät och mjuk struktur. "Närhet till hår och hud".

Maria (Anne-Marie) Adlercreutz (1936-2014) växer upp i en konstnärsfamilj med högborgerlig och adlig bakgrund. Pappa Akke, Axel Ragnar Kumlien (1884-1949) är känd bokkonstnär, landskap- och porträttmålare, skriftställare, poet och lärare vid Kungl. Konsthögskolan. Han är också amanuens på Nationalmuseum och konstnärlig rådgivare i typografi och bokband åt bokförlaget P. A. Norstedt & Söner. 1946 utses han till intendent för Thielska Museet. Mamma Anna-Lena, född Anna Lennartsdotter Lilliehöök af Gälared och Kolbäck (1907-1998), arbetar som sekreterare på bokförlag, först Norstedt och Söner och sedan Almqvist och Wiksell. Hon är också aktiv i en Amnestygrupp.

Akke Kumlien, eller "far", som Maria kallar honom, har varit gift tidigare med Ida, och har två söner. Skilsmässan på 1930-talet blir uppslitande. Akke har förälskat sig i Anna-Lena, de gifter sig 1935 och Maria föds året därpå. Senare i livet ställer hon ut tillsammans med brodern Bertil Kumlien (1919-2012), grafiker och tecknare.

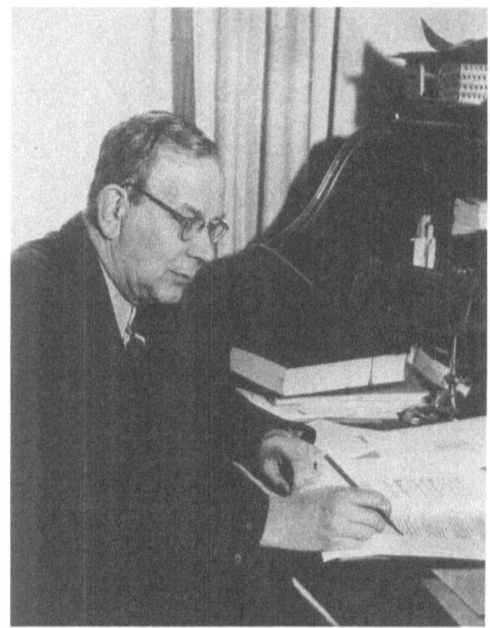
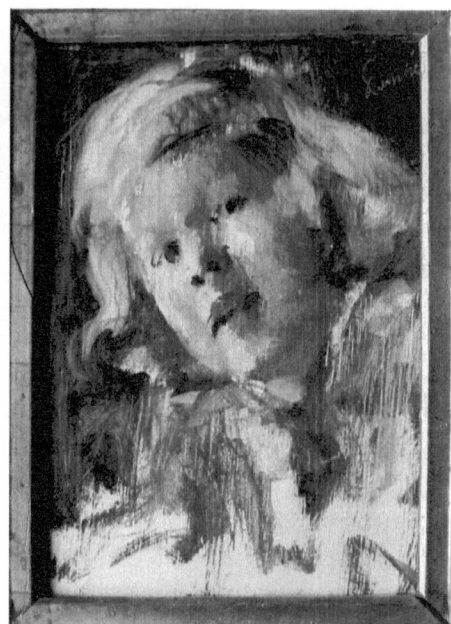

Fadern Akke Kumlien vid skrivbordet.　　Ett av Akkes porträtt av dottern Maria.

Akkes porträtt av hustrun Anna-Lena.　　Bröderna Bengt och Bertil med liten Maria.

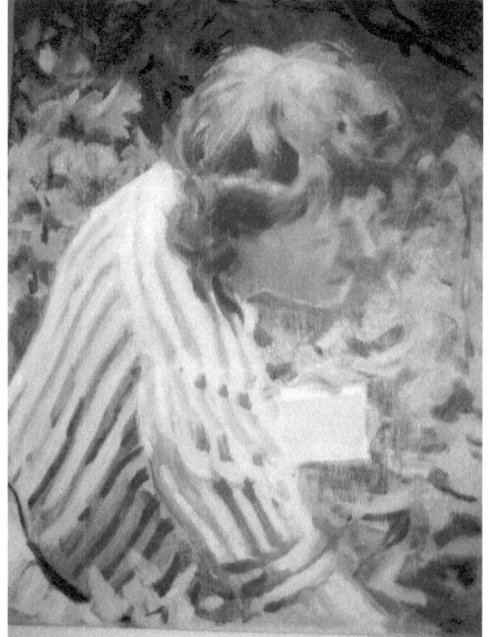
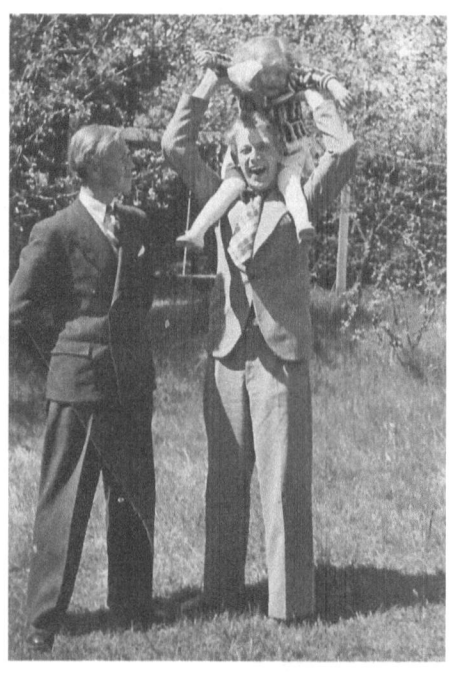

Vävar vi aldrig glömmer

Maria blir ett kärt motiv för fadern. Han fotograferar och målar henne i olja. Hon står vid fönstret och tittar ut mot vattnet – troligen i barnarummet - på Thielska Galleriet. Iklädd en gul klänning med håret hängande över axlarna vilar hon armarna mot en byrå. Ansiktet i profil är vackert genomskinligt. Ensamhet eller kanske eftertänksamhet. Vid ett besök hos författaren Sara Lidman 1983 minns hon i Dagboken från Missenträsk ett smeknamn och pappans röst: "ett avlägset Mina, välbekant – hans röst? Far i färgval, sensualitet".

Maria är tio år när familjen flyttar till intendentbostaden i Thielska Galleriet på Blockhusudden. Efter stängningsdags kan hon och ibland kusinerna på besök gå in i de "jättelika utställningssalarna", idealiska för kurragömma och andra lekar, "allt med vaktmästare Johanssons goda minne". Akke Kumlien har ateljé i Thielska Galleriet och spelar på museets orgel favoritkompositören Bach och Maria som beundrar fadern lär sig tycka om Bach. Anna-Lena hjälper maken med att renskriva manuskript och det "påfrestande arbetet att uppsätta register".

Stor sorg drabbar familjen 1949 när Akke Kumlien hastigt avlider 65 år gammal. Maria ska strax fylla 13. Mor och dotter får lämna tjänstebostaden för en liten tillfällig bostad intill Rosendals slott på Djurgården. Löftet om en permanent bostad dröjer. Det tar flera år innan de flyttar in i "Gröna huset" vid Sjötullsbacken på Blockhusudden, kallad "Udden", strax ovanför Thielska Galleriet. I sorg och övergivenhet knyts mor och dotter nära varandra. Ett ömsesidigt omhändertagande varar livet ut.

Maria går latinlinjen på Statens Normalskola. Klasskamraterna Björn Beckman och Hanna Fagerlind blir livslånga vänner. Hon upplevs som allvarlig och seriös. Ambitiös men tyst och lågmäld i skolan. Ritar och målar och är "tidigt inställd på att välja något konstnärligt yrke". I hörnet av skolgården står den uppvaktande Magnus Adlercreutz (1930- 2001). Originellt klädd med svart basker, svart slängkappa och käpp med silverkrycka. Han är sex år äldre än Maria och går med käpp på grund av ett skadat ben. "Man upplevde honom som mjukare än killarna runt om", minns Björn Beckman. Magnus blir fil lic i konstvetenskap och förste amanuens vid Stockholms stadsmuseum. 1956 tar Maria studentexamen och samma år kommer hon in på Konstfackskolans textila linje på Slöjdgatan.

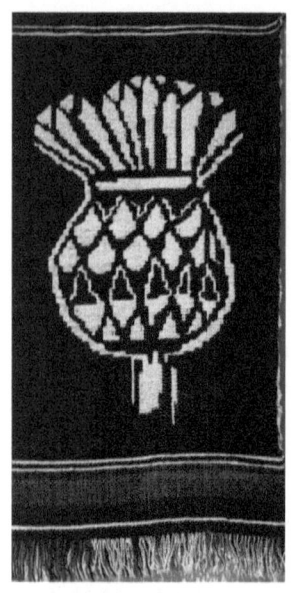 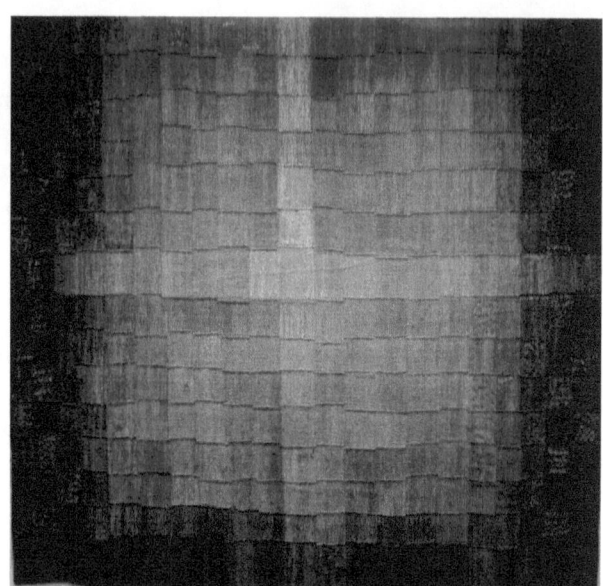

Tisteln, 1962, 50 x 27 cm.   Altarbonad Kjesäter kapell, 1966, 200 x 205 cm.

Altarväv, Nya Stadens kyrka, Lidköping, 1965, 500 x 200 cm.

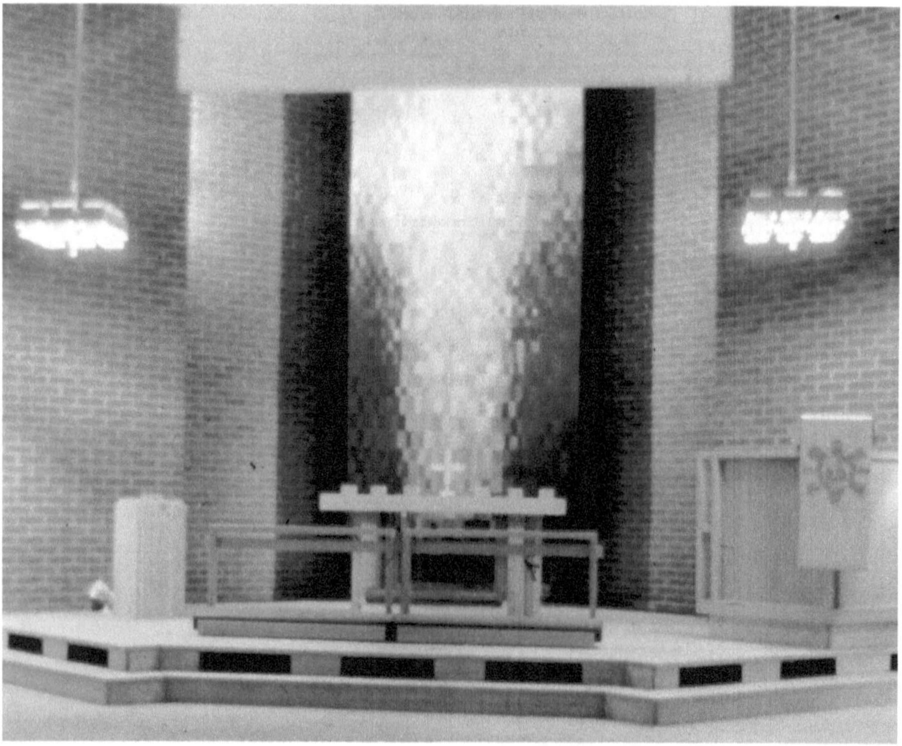

Efter ett års studier gör hon uppehåll och praktiserar på Kulturen i Lund. 1959-62 slutför hon studierna vid Konstfack. Under påbyggnadsåret väljer hon färglära för Gösta Sandberg, facklärare i perceptiv färglära och textilfärgning. "Det var ett fint kamratskap, jag förvärvade långsamt färdigheter i hantverket", säger hon i Göteborgskatalogen till 1968-utställningen *Hjärtat sitter till vänster*. Edna Martin är huvudlärare. Maria beskriver henne som en "sensuellt inspirerande lärare". Edna Martin är också chef för Handarbetet vänner, HV och erbjuder henne efter examen en tjänst på HV Licium. Hon ägnar sig där åt kyrkliga textilier och lär sig mer om hantverket av väverskorna.

Edna Martin ger 1963 Maria Adlercreutz ett stort uppdrag. HV Licium har fått en beställning på textil utsmyckning av en planerad kyrka, Nya Stadens kyrka i Lidköping. I tidskriften Vår Lösen beskriver Maria och Magnus Adlercreutz uppdraget. Det gäller en 5 meter hög och 2 meter bred bonad, centralt placerad mot en "mustigt röd tegelvägg". Inspirerad av rummets "markanta höjdsträvan" skapar Maria en gobelin "i stigande rörelser". Det "mörka blå vandrar in i en ljuspelare". Beställningen omfattar också fyra predikstolhängen och fyra mässhakar. De ska användas likt "Frälsningsarméns fanor eller som demonstrationsbanderoller och standar kring en talarstol på Gärdet". Textilierna utförs på Licium och ställs ut vintern 1965 i HVs lokaler.

Under våren samma år komponerar hon en altarbonad för S:t Görans kapell på Kjesäter gård i Vingåker, då ägd av scoutrörelsen. Hon färgar under sommaren garn i många röda nyanser och väver under hösten en kvadratisk bonad. Rutor i mörkrött ljusnar in mot mittpartiet där ett kors framträder.

Efter ett halvt år på Licium väljer Maria att bli fri konstnär, men fortsätter att ta uppdrag därifrån. En tid arbetar hon på textilkonstnären Susan Gröndals verkstad med inredning, inriktad på materialval och färgsättning. Tillsammans med textilkonstnären Åsa Bengtsson har hon också egen ateljé och färgeri. Hon väver natur- och vardagsmotiv, till exempel *Tisteln* (1962).

Sommaren 1963 gifter sig Magnus och Maria. En tid behåller hon flicknamnet och lägger till Adlercreutz. Men Kumlien faller så småningom bort. De bor på Allhelgonagatan och är gifta i elva

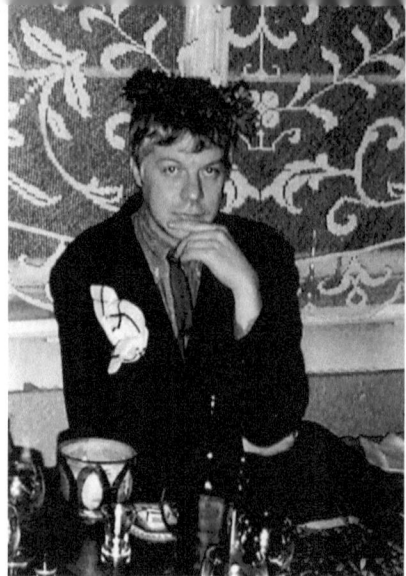
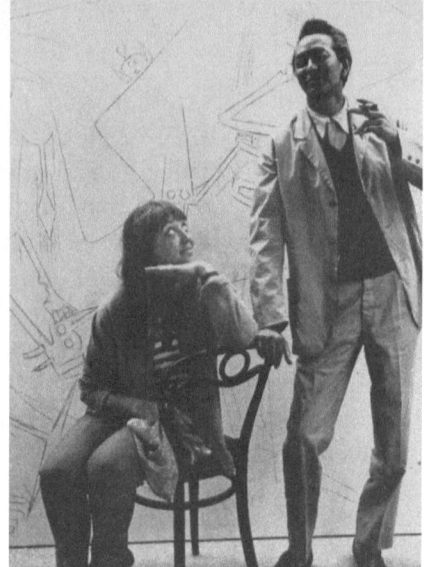

Harald Langkjaer 1972.   Lou Laurin Lam, Wifredo Lam i Havanna.

år. Magnus planerar en utställning om Spanien. Tillsammans reser de till Spanien 1966, där diktatorn Franco och det fascistiska falangistpartiet styr. Vid hemkomsten tar hon ur olika arkiv fram dokumentärt bildmaterial från spanska inbördeskriget. För Maria var det "ett sätt att grundligt tvinga sig att uppmärksamma den fotografiska bilden, dess förmåga att förmedla en verklighet som inte gick att avvisa". Kanske är det den första verkliga kontakten med pressbilden. Arbetet med Spanienutställningen innebär ett politiskt

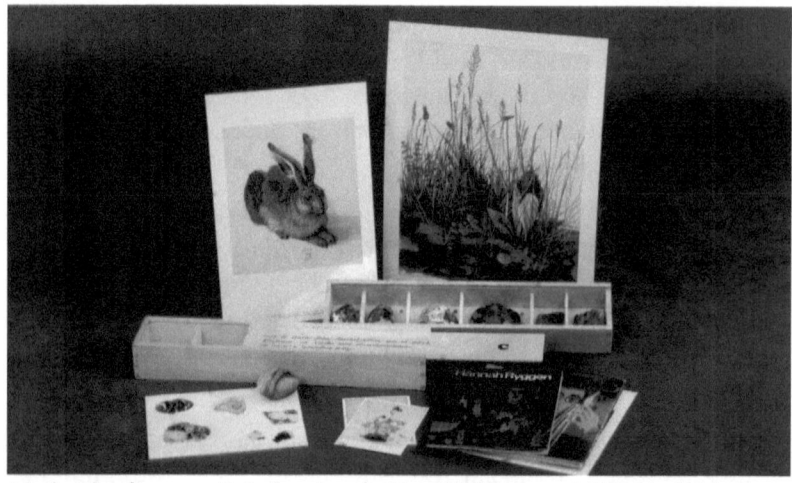

Maria visade generöst sina inspirationskällor, som i "Vävda bilder".

uppvaknande för henne. Utställningen *Konst och politik – Spanien 1966* visas på Stadsmuseet i Stockholm. Museichefen Bo Lagercrantz förnyar verksamheten med öppna möten där stadsbyggnad och politiska frågor diskuteras. Harald Langkjaer (1930-1979), en vän till Magnus som ska komma att bli betydelsefull för Maria, deltar i diskussionerna.

– Harald började vid ett möte jama som en katt. Han bröt mot konventionerna och visade när han blev uttråkad, berättar konstnärsvännen Lilian Domec.

Det är lätt att få tag i lägenheter i Stockholms innerstad, men många är omoderna och dragiga. Harald lever ett bohemiskt liv och har just flyttat ihop med Eva Asplund, nybliven arkitekt. De bor i två rum och kök i gatuplan på Bellmansgatan. På tisdagarna har de öppet hus. Dit kommer yngre arkitekter, konstskribenter, författare, konstnärer som Eva Björklund, Jöran Lindvall, Olle Granath och Bengt Olvång. Även grannarna Carlo och Kerstin Derkert med mamma Siri förekommer bland besökarna. Eva Asplund berättar:

– Jag lagade soppa och bakade bröd. Alla tog med sig vin. Harald var mycket road av att föra samman olika personer som annars inte skulle ha träffats. Diskussionerna handlade främst om konst och politik. Jag tror Maria trivdes med det, men hon deltog inte så aktivt.

Eva Björklund minns också sammankomsterna:

– Den internationellt kände kubanske bildkonstnären Wifredo Lam hade 1967 sin stora utställning på Moderna Museet i Stockholm. Hans fru, konstnären Lou Laurin Lam, tog med honom till Bellmansgatan. Lou och Harald var ett par i Uppsala på 50-talet. Och hon var sedan länge Marias vän. Wifredo och Lou kom från Paris konstnärskretsar, med en fläkt av den stora världens politiska utblickar.

En "avgörande upplevelse" är mötet med bildvävaren Hannah Ryggens verk på Moderna Museet 1962. Ryggen introducerar den politiska vävkonsten i Norden, gestaltar kampen mot fascismen och nazismen under 1930-talet. Efter andra världskriget gör hon vävar mot Nato, atomvapen och USAs krig i Vietnam. I ett programblad om sina egna politiska bilder, skriver Maria Adlercreutz: "En mycket märklig svensk-norsk väverska, Hannah Ryggen, gjorde sina vidunderliga vävnader utan minsta hjälpskiss eller förlaga. Hon vävde direkt ur hjärtat."

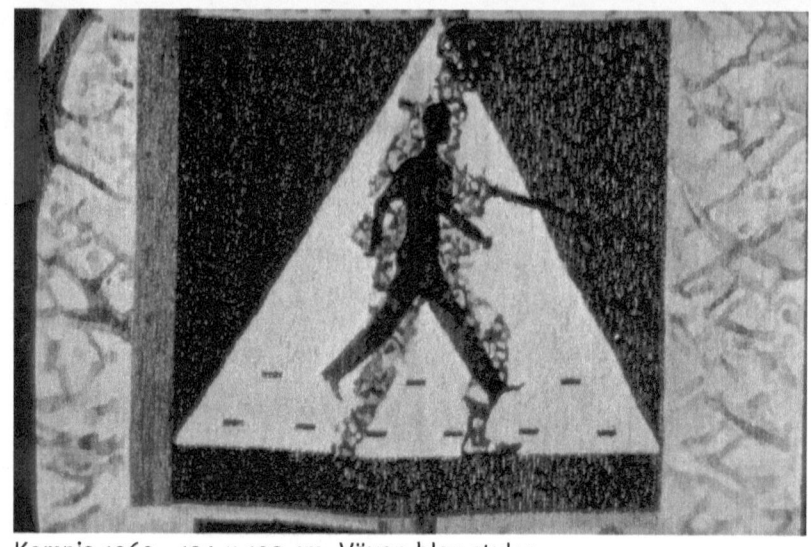

Kompis 1969, 134 x 192 cm, Väven blev stulen.

Men Maria inspireras också både av författare som Frantz Fanon och konstnärer som Wifredo Lam, Rembrandt och Goya. Hon prövar sig fram. Fotograferar stads- och naturmotiv och väver dem. Ett vardagsmotiv, vägmärket "Övergångsställe", skissar hon på 1966. Efter hand förvandlar hon vägmärket till en politisk väv med titeln *Kompis* (1969). "Gubben gå" får en medföljare. En marinsoldat bildar ett "skuggspel som tränger tvärs igenom den gående". Hon har sett en bild på USAs soldater som 1968 deltar i gatustriderna i Hue i Vietnam. Kanske är detta första gången som hon väver ett motiv ur en pressbild. För att få fram "bästa effekt" väljer hon hampa som "har ett sätt att uppta färg" som "tolkar den kusliga stämningen".

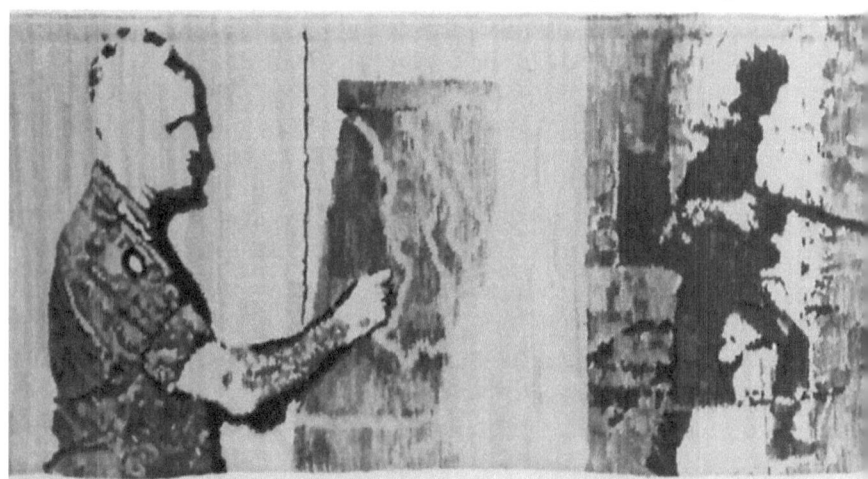

Trafikskyltens blå fält är övervägande ull – "det ger tyngd åt bilden". Inplockade hampatrådar ger ett "vitblått skimmer" som ska påminna om "den dimmiga novemberdagens regnstänk".

Intresset för Kuba är stort inom kultureliten och Maria går tidigt med i Svensk-Kubanska föreningen. 1968 reser hon till Kuba med en stor grupp kulturarbetare uppmanade av Wifredo Lam. "En starkt positiv upplevelse av ett socialistiskt samhälle i vardande", säger hon i Paletten och berättar om bildens betydelse i Kuba: "Alla dessa öppna, samhällstillvända bilder var utformade med fantasi, vitalitet och färgkänsla och de fick BREDA UT SIG." Att återvända till Sverige upplever hon "som en chock" och fortsätter: "Först nu blev jag på allvar medveten om den oerhörda blandningen av bildbudskap som vår hårt trängda uppmärksamhet har att kämpa med. Kändisreportage, underhållningsvåld, pornografi och framför allt reklam dominerar vår västerländska bildvärld."

De kommande fyra åren väver hon koncentrerat flera bildvävar om tredje världen och Vietnam. Ett av verken är *Fyra bilder av tredje världen* (1970). I samma gråtoner som återfinns på dagstidningspapper. Bildsviten kan ses som "ett skeende från imperialistiskt våld till revolutionär frihet", skriver konstvetaren Christina Högman. Hon delar in bilderna i: 1. Order, 2. Aktion, 3. Konsekvens och 4. Motaktion. Sviten börjar med att general Westmoreland, överbefälhavare för USAs armé 1968-72, pekar ut militära mål på en karta över Vietnam. Maria utgår från ett citat av

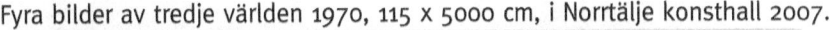

Fyra bilder av tredje världen 1970, 115 x 5000 cm, i Norrtälje konsthall 2007.

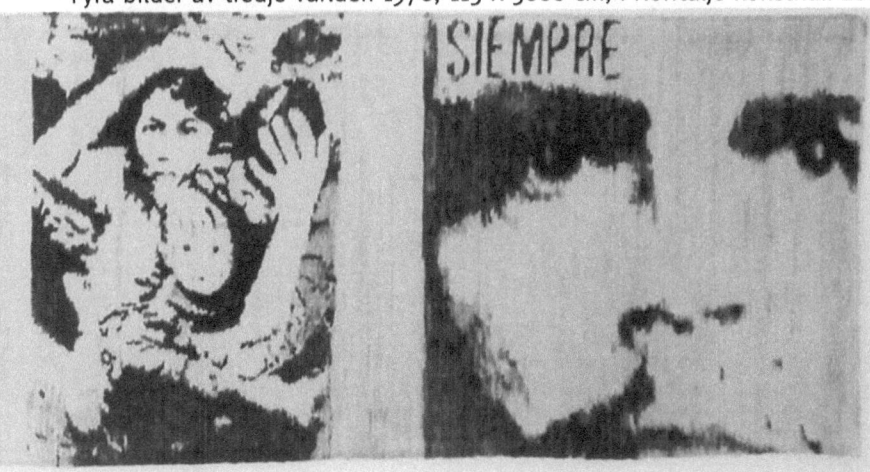

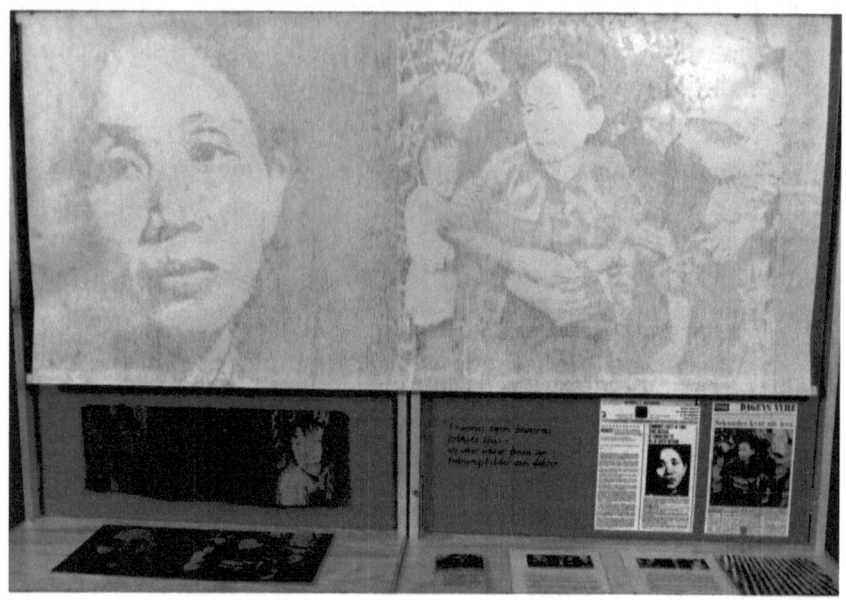

Monter i Riksutställningars Vävda bilder med förlagan till väven I hennes ögon bevaras folkets ljus, och de pressbilder Maria utgått från.

Maria 1970 med väven i vävstolen i ateljén på Kvarngatan.

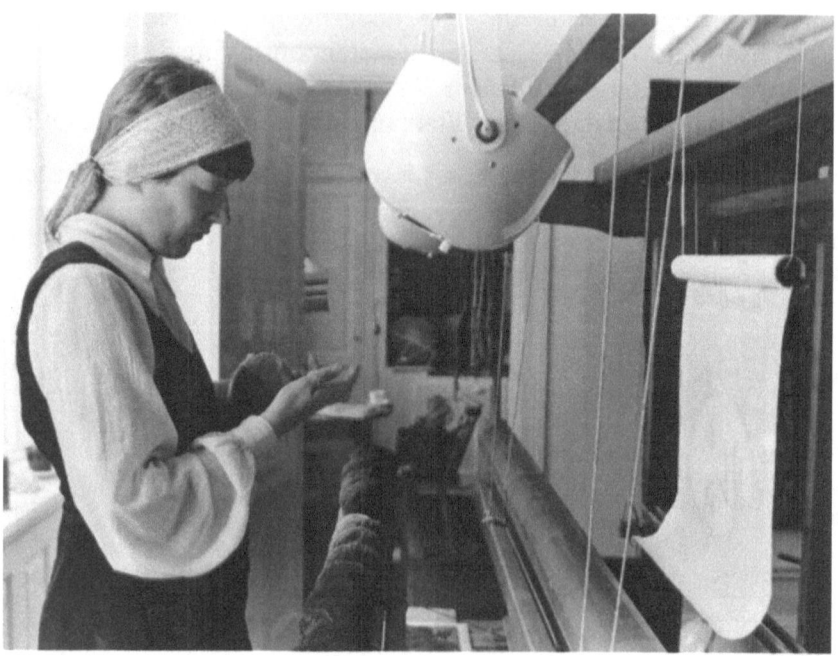

generalen: "Låt oss kavla upp skjortärmarna och göra jobbet." På nästa bild går en soldat fram med höjt maskingevär. Hon har sett bilden i Dagens Nyheter och kommenterar: "Hans soldater gör det. Programmeringen har varit effektiv."

Den tredje bilden är också från Vietnam. En flicka och hennes mamma, som håller om en liten pojke, står framför skjutklara soldater. Det viktigaste i de här bilderna "händer i flickans ansikte", understryker Maria och tolkar henne: "Hon upplever skräck och förtvivlan – men inte uppgivenhet. ... Nånting inom henne hårdnar till vuxenhet, till trots, till beslut. Det kan inte vara meningen att livet ska vara så här. Vi har rätt till ett annat liv. Det vill jag slåss för. Det mänskliga livet." Slutbilden utgår från Alberto Kordas kända fotografi av Che Guevara och Ches paroll Hasta la victoria siempre som betyder: Alltid mot segern. Maria väver ett utsnitt av Ches ansikte och väver in röda versaler: SIEMPRE (Alltid). "Che Guevara trodde på det."

När Galleri Heland i Kungsträdgården i januari 1972 ställer ut Maria Adlercreutz *Fyra bilder av tredje världen* och *I hennes ögon bevaras folkets ljus* samt flera andra vävar är det hennes debututställning som politisk konstnär. Konstverken tas emot i mycket positiva ordalag av recensenterna. Beate Sydhoff i Svenska Dagbladet kallar utställningen ett "definitivt genombrott för Maria Adlercreutz". Torsten Bergmark i Dagens Nyheter upptäcker att tidningsbilden har i väven "tillförts en ny dimension, som om det fotografiska ögonblicket har förlängts – genom den långsamma hantverkliga framställningsprocessen". Bengt Olvång i Aftonbladet skriver att "så kan en konstnär hjälpa oss att förstå det som är fragmentariskt och ofattbart".

Konsthistorikern Hans Edvard Nörregård-Nielsen söker historiska konstverk som kan jämföras med *I hennes ögon bevaras folkets ljus* och gör en tolkning i danska Information 1972. Offret står ansikte mot ansikte mot bödeln i Goyas målning *Den tredje maj 1808* från spanska inbördeskriget. Goya skildrar både bödlarna och offren. Maria Adlercreutz har valt att endast skildra offren. "Samtidigt blir vi inte bara medverkande utan även delaktiga i en vanheder som må demoralisera hela vår tid", skriver Hans Edvard Nörregård-Nielsen.

Nationalmuseum köper *I hennes ögon bevaras folkets ljus*. "Det blev viktigt för att den kunde lånas ut av museet och bidra till opinionen

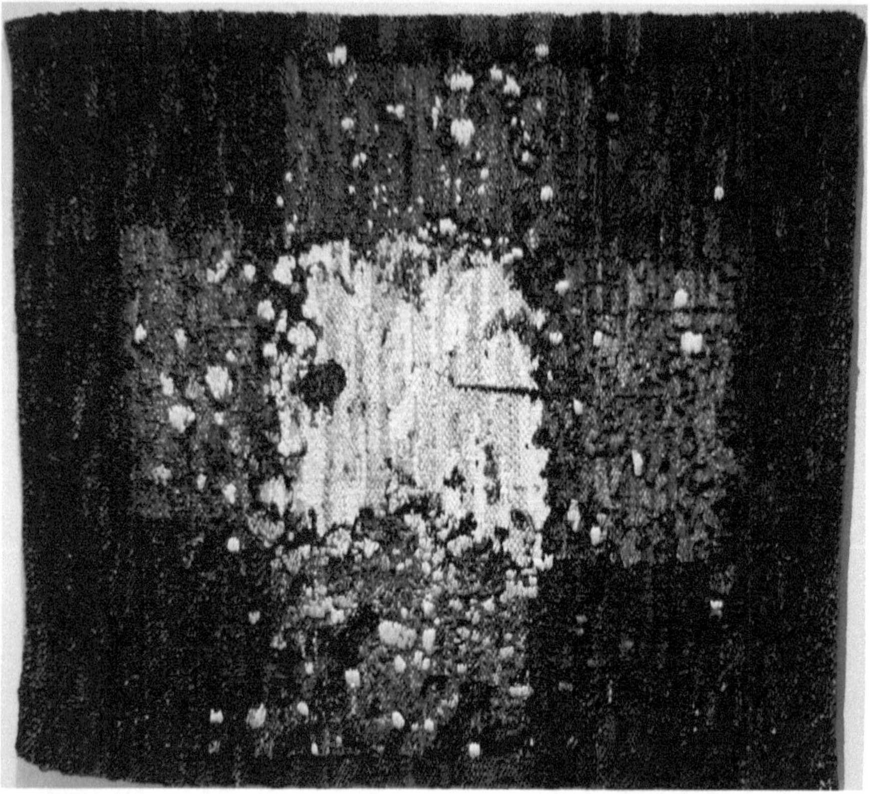

Skråpuken, 1968, 115 x 115 cm.
Öde land, 1968, 130 x 200 cm.

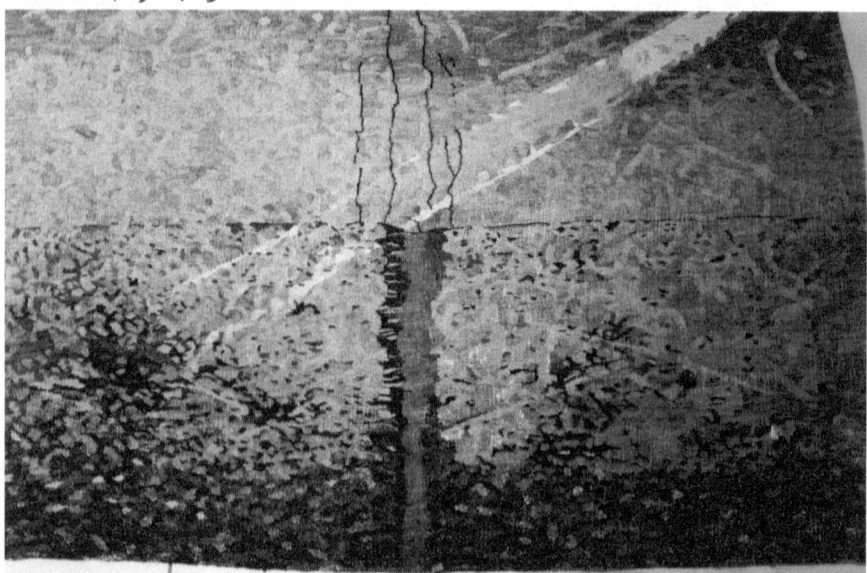

mot Vietnamkriget", säger Maria inför utställningen *Tumult* i Gustavsberg 2010.

Dag Widman, chefsintendent vid Nationalmuseums konsthantverksavdelning 1966-80, är ansvarig för inköpet *av I hennes ögon bevaras folkets ljus*. Han skriver då: "Vävnaden är en protest mot Vietnamkriget, en laddad replik i den dåtida dagssituationen. Men Maria Adlercreutz har utfört den så att den samtidigt allmängiltigt berättar om mänsklig höghet i en förnedrande tragedi." Efter 20 år minns Widman fortfarande "den känsla av gripenhet blandad med upprymdhet" han upplevde första gången han såg den. Något som han förklarar med orden "den lyftning i anden som man upplever inför ett stort och laddat konstverk".

Det politiska engagemanget under 1960-70-talet innefattade, förutom Vietnam, befrielserörelsernas kamp i de europeiska kolonierna i Afrika, kampen mot diktaturerna i Latinamerika, miljöfrågorna och hotet från kärnvapnen. 1967 har vännen Peter Weiss pjäs *Sången om Skråpuken* urpremiär på Scalateatern i Stockholm. Temat är kolonialmakten Portugals västerländska kulturintrång i Angola. Maria väver gobelinerna *Skråpuken* (1968) och *Öde land* (1968).

I *Skråpuken - Exploatörens insignum*, angriper hon kolonialismen. Inspirerad av Frantz Fanon, psykiatriker och författare som analyserar förtryckets psykologi, antecknar hon: "Frantz Fanon talar i sin bok *Jordens fördömda* om det västerländska kulturarvet som de koloniserade folkens skråpuk: han klär av de vackra kulturprydnaderna och visar på skelettet, den nakna maktstrukturen, utsugarkäften, den mentalitet som tredje världen verkligen lärt känna som västerländsk."

Hon beskriver *Skråpuken* som en väv bestående av ett kors vars mittdel lyser guld-gult. Hela korset är översållat av fläckar i vitt, blått, brunt och svart. Enligt Maria representerar Skråpuken: "ett falskt kors vars mitt lyser nitiskt bländgul, ett kors med muzzoliniprofil och hakkorshjul, korsarmarna dekorerade med svällande ordenstecken, som svulster, vårtor, maktens vulgära insignier, en ond fana, ett oheligt järtecken, maktens oblyga apoteos över sig själv, en kulblixt översållad med paljetter."

Samma år som *Skråpuken* väver hon gobelinen *Öde land* (1968),

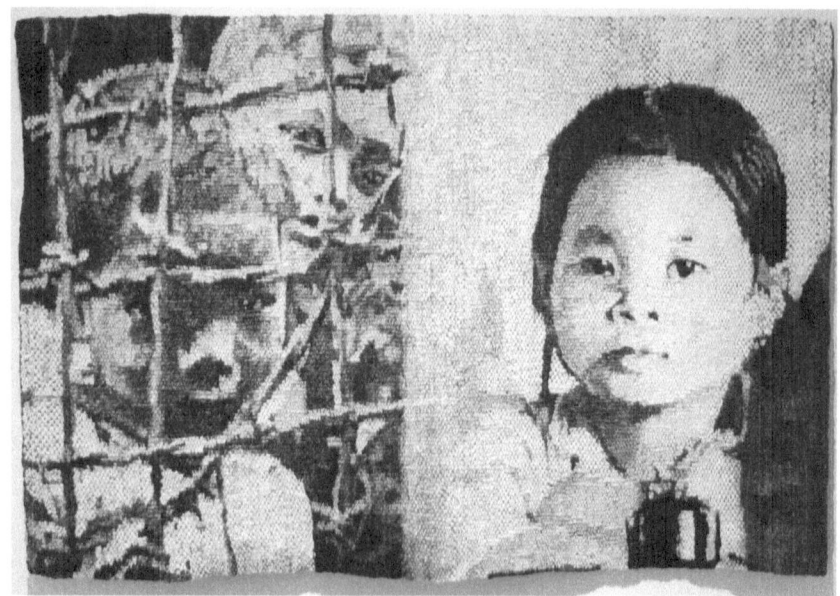

Syskonen 1974, 56 x 85 cm.

Vietnamesisk flicka 1975, 96 x 65 cm.   Morgontoalett i Vietnam.

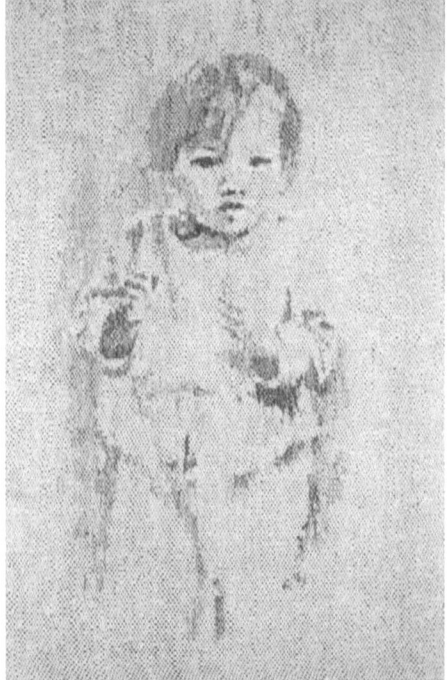
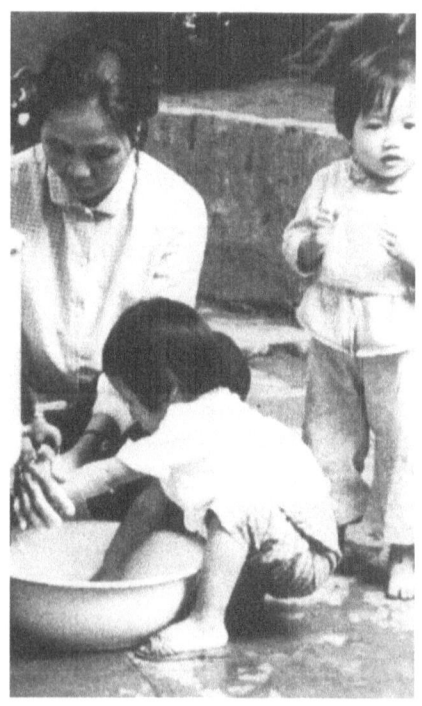

som går i färgerna svart, brunt, gult och gulrött. Motivet är abstrakt med ett diagonalt ljust stråk. Titeln förklarar hon med orden: "Efter katastrofen i ett förött land." Hon har läst Rachel Carsons *Tyst vår,* 1963. Framför sig ser hon: "Jorden en rykande askhög, stoftmoln klungar sig vid horisonten". Men hon ger även en annan tolkning: "Kanske sannare, en bild av ett inre landskap, en stor sorg föröder själens jord, förgiftar atmosfären med minnesfragment."

Statens konstråd köper *Fyra bilder av tredje världen, Öde land* och *Skråpuken*. *Fyra bilder av tredje världen* överförs 2012 till Nationalmuseum. *Skråpuken* stannar hos svenska ambassaden i Moskva där den hänger i ambassadörens bostad. *Öde Land* kommer först till Moskva och därefter till svenska ambassaden i Caracas i Venezuela. Den blir stulet 2000 och hamnar på Sothebys 2006 för försäljning. Återförs då till Statens konstråd. Vacker men skör efter omild behandling.

Kriget i Vietnam är den världshändelse som under många år upptar Maria Adlercreutz tankar och val av motiv i vävarbetet. "Det politiska uppvaknandet kom för många av oss som var unga på 60-talet genom Vietnamkriget. Vi blev en del av en internationell antikrigsrörelse", säger hon 30 år senare i Göteborgskatalogen. Maria och Magnus Adlercreutz deltar 1967 i ett helsidesupprop i Dagens Nyheter: "Vietnam 21 oktober". En lång rad kulturpersoner stödjer en kampanjdag för oberoende och fred i Vietnam.

Maria Adlercreutz bidrar till protesterna mot kriget genom att fortsätta väva bilder från Vietnam utifrån fotografier som visar porträtt av barn; *Sydvietnamesisk flyktingpojke* ((1973), *Nordvietnamesisk skolflicka* (1974) och *Syskonen* (1974). Nu på Nationalmuseum. Vävar som ligger nära ursprungsfotot. Om gobelinen *Syskonen* skriver Maria att barnen i södra Vietnam - på vänstra bilden i väven - är "satta i fängelse. Barn som politiska fångar". Flickan från norra Vietnam - på den högra bilden - har ett bläckhorn framför sig. Ett tecken på att hon går i skolan. Bildväven *Vietnamesisk flicka* (1975) utgår från ett fotografi av Lennart Malmer och Ingela Romare. Tunna svarta linjer framhäver barnets rörelser mot en vit bakgrund. Väven får karaktären av en teckning.

"Vi levde i en aktiv, utåtvänd, revolterande och experimenterande tid full av idéer, engagemang, diskussioner och demonstrationer för och emot företeelser i världen. Det var en tid av möten, i myller

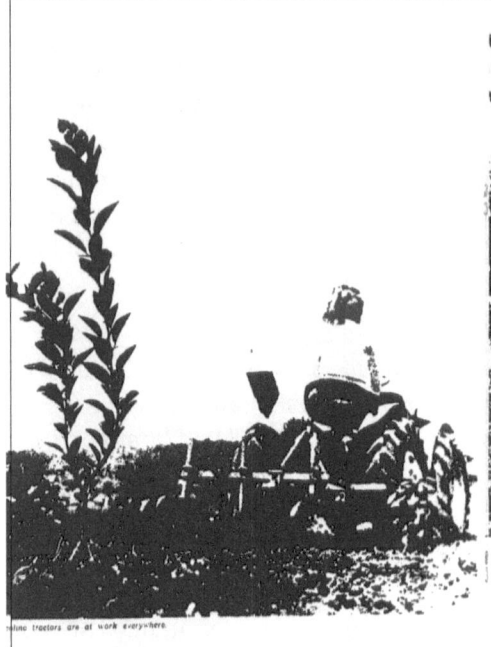#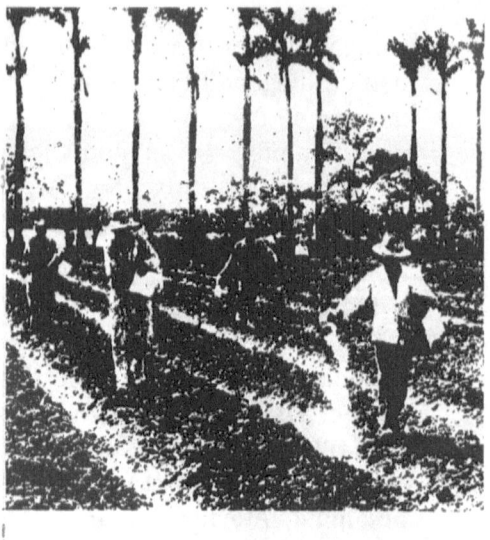

"Dessa människor har en framtid, deras arbete har en framtid, samma framtid idag som igår som i morgon. Det är det som gör luften så hög."
(ur katalogen till Stefan Telemans utställning Hemförhållanden våren 1972)

Bildsidor ut Marias "Ett brev om bilder", visar "fredens möjligheter i Kuba och Vietnam.

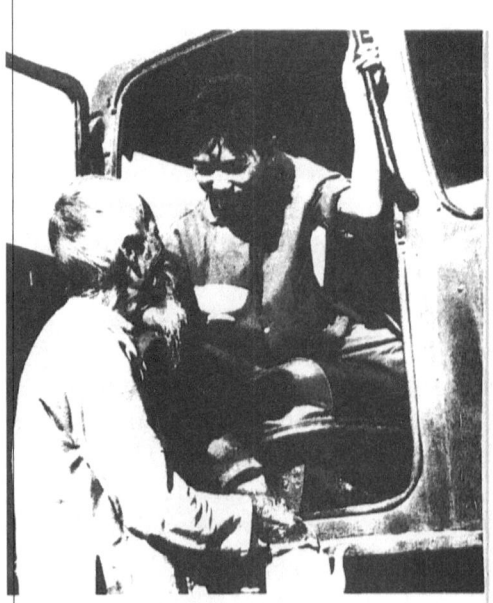 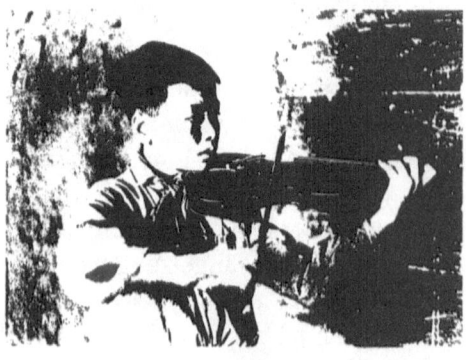

En paus i arbetet, ett glatt möte mellan goda vänner, en scen lika uråldrig som teskålen den unge lastbilschaufförrren håller i sin hand. Detta sker också i Nordvietnam 1972.

Att göra musik är att vara mycket rik, att vara rik är att dansa, sjunga, leka, älska, samtala, lyssna, lära, att ära sitt liv, sitt arbete.

Vävar vi aldrig glömmer

av människor, med massor av musik, filmer, teater – på gatan, på arbetsplatserna", berättar Maria Adlercreutz 30 år senare i Göteborgskatalogen. "Många initiativ var naiva och misslyckades på grund av bristande livserfarenhet och eftertanke. Men var stod vi utan drömmar? Det var en tid av framtidstro, tillit och förtröstan. Så mycket kunde ändras, SKULLE ändras! Till det bättre. Jag är tacksam att ha fått uppleva den tiden."

I Marias och Magnus vänkrets ingår Anita Persson, som arbetar på Stadsbiblioteket i Stockholm, och Sven-Åke Gustafsson, arkitekt som bygger om Stadsmuseet.

– Magnus var en utåtriktad tjänsteman med humor och skratt. Deras förhållande kändes stabilt. Vi hade många picknickar tillsammans. Det blev för mig en jättechock när de beslöt att gå skilda vägar, säger Anita Persson.

Sommaren 1969 blir Maria Adlercreutz och Harald Langkjaer ett par. Harald flyttar från Eva Asplund och Bellmansgatan till en lägenhet på Vanadisvägen. Han har en problematisk bakgrund med uppväxt på barnhem efter att modern skiljt sig från fadern i Danmark. Hennes nye svenske man adopterar Harald. Senare väljer han att ta sin biologiske fars namn: Langkjaer. Harald läser vid Uppsala universitet, tillhör ett gäng kring filmtidskriften Chaplin och arbetar periodvis åt Jones Antikvariat på Norrtullsgatan i Stockholm. Han engagerar sig mot kriget i Vietnam och framhåller utvecklingen i Kuba som ett föredöme för länderna i Latinamerika.

Maria är förälskad i Harald, men det dröjer till 1974 innan Maria och Magnus skiljer sig. I ett utkast till brev till Magnus föreslår hon att de under "en prövotid" ska bo på olika adresser. Hon vill hitta "en självständighet jag aldrig haft tidigare". Efter skilsmässan behåller Maria och Magnus kontakten. Maria flyttar till Kvarngatan. Även om Harald är Marias stora kärlek, flyttar de aldrig ihop.

Maria Adlercreutz verk efterfrågas under 1970-talet. Som enda svensk representant ställer hon ut på Nordens Hus i Reykjavik under de isländska festspelen 1974. De vävar som den isländska pressen visar i bild är *I hennes ögon bevaras folkets ljus* och *Fyra bilder av tredje världen*. Hon deltar också med i stort sett samma vävar i *Fri textil*, Lund 1973, *Överleva – Leva*, Göteborgs Konsthall 1973, *Rapporter från 1:a, 2:a och 3:e världen*, Sundsvalls museum 1973, *Svensk konst*, Gävle

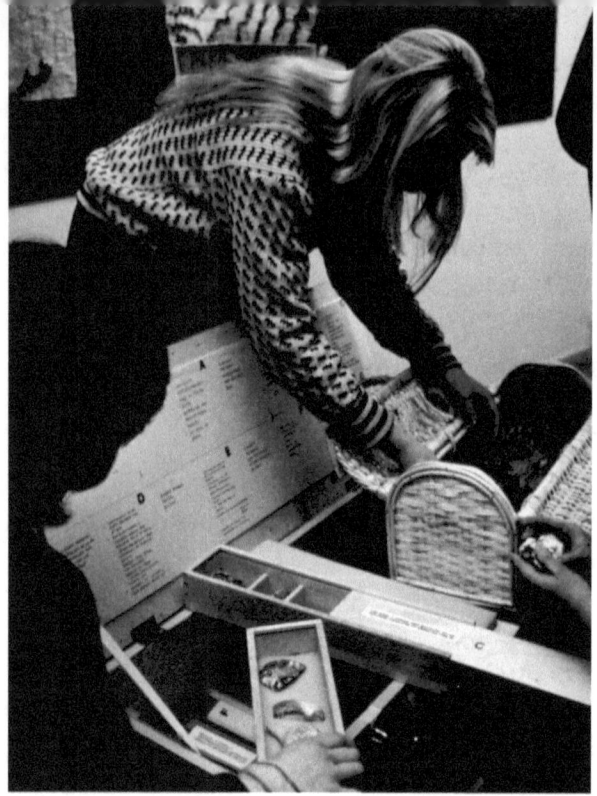

Besökarna fick känna på stenar, vävar och annat material i Riksutställningars Vävda bilder.

Havsbanden, Två band, två blå musselskal.

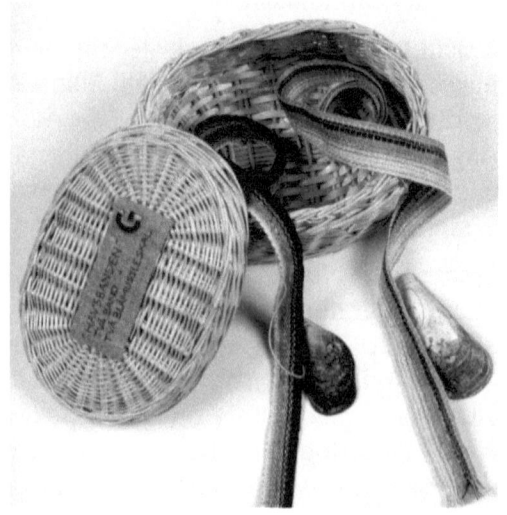

Museum 1973 och *Kvinnfolk*, Kulturhuset, Stockholm 1975. Hon ingår också i *Swedish Textile Art – Five Temperaments* – en utställning som turnerar 1976-77 i Mexiko och Kanada och ytterligare utställningar.

Riksutställningar hör också av sig till Maria Adlercreutz. De vill göra en vandringsutställning och Vuxenskolan önskar sig ett studiepaket. Producenten Eva Persson vid Riksutställningar säger:

– Jag bjöd in Maria. Hon var så tystlåten och ödmjuk.

Deras samarbete kom att vara i många år. Projektet får namnet *Vävda bilder* och visas 1972-78. Maria står för idé och innehåll. Sex originalvävar och några provvävar visas på ett trettiotal bibliotek och museer i landet, bland annat Nationalmuseum i Stockholm. Vuxenskolan ordnar visningar i skolor i Skellefteåtrakten. Och filmen *Den röda tråden. Vägar till väven* produceras. I filmen berättar Maria lågmält om hur hon hämtar inspiration i naturen. Till utställningen gör hon texthäftet *Ett brev om bilder* till besökarna, följer själv med utställningen och berättar om sin konst och sina arbetsmetoder.

I *Ett brev om bilder* ställer Maria Adlercreutz frågan: "Varför väva bilder?" Och hon svarar:

Jag väver för att överleva. För att söka befria mig från starka inre tryck. För att öppet redovisa min ångest - och därmed kanske komma tillrätta med den.
För att minnas bättre,
somliga bilder får man inte glömma,
vare sig de är outhärdligt omänskliga eller de varma, livgivande!

Vävda bilder får ett mycket positivt mottagande där den visas. 1976 kom utställningen till Sundsvalls museum. Åke Hansaeus från Sundsvalls Tidning är på plats. Han imponeras av konstnärens engagemang i "tidens brännande frågor". Maria Adlercreutz har även tagit med de första proverna till *Theodorakissviten*. En manifestation för kompositören Mikis Theodorakis. Där finns en biografi över honom att läsa i och "från bandspelaren ljuder hela tiden protest- och kampsånger av Mikis", skriver Åke Hansaeus. Maria Adlercreutz har också lagt fram en klippbok i vilken hon beskriver den planerade sviten vävar.

– Maria tog med alla sina verk i utställningen, utom vävnaden *I hennes ögon bevaras folkets ljus* som Nationalmuseum inte lånade ut.

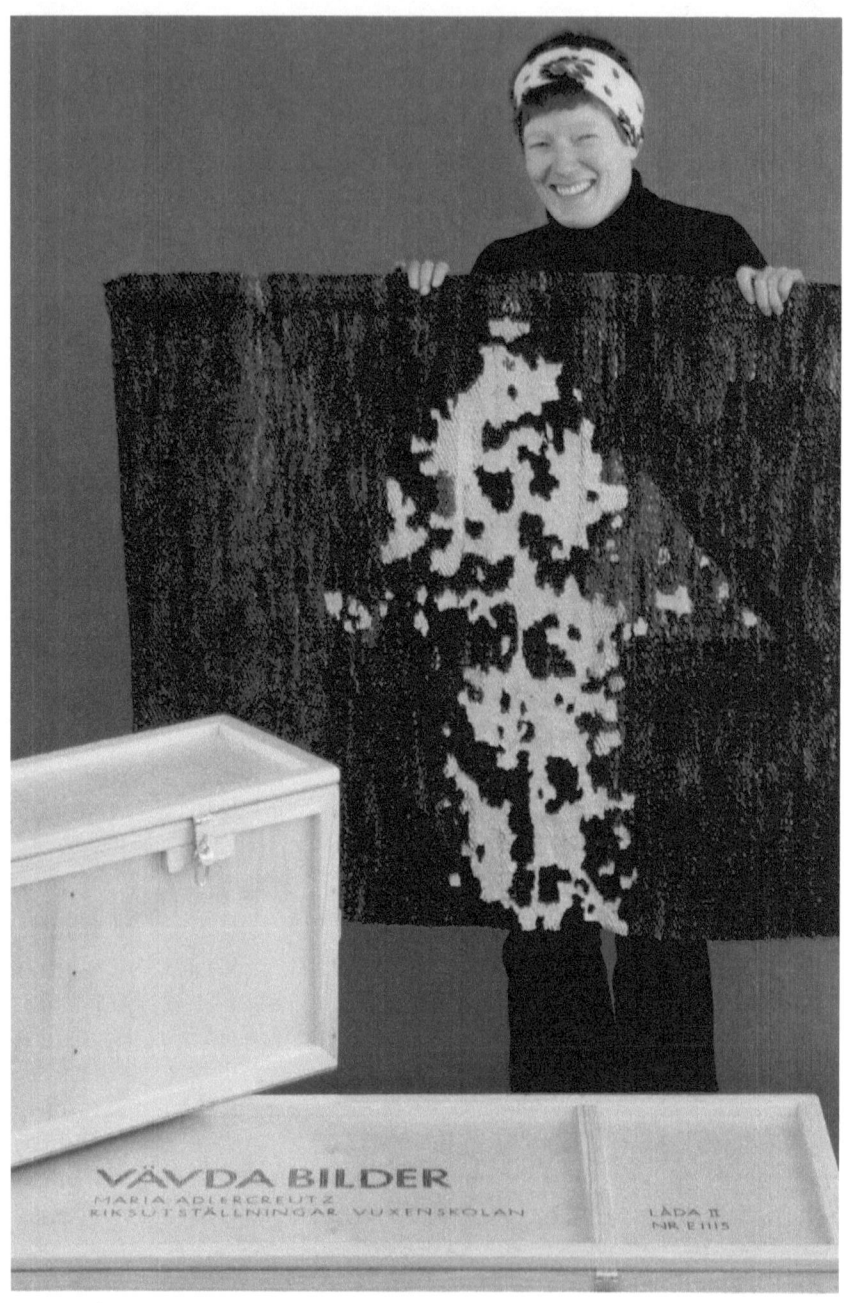

Maria håller upp väven Pilen - en riktning i Riksutställningars Vävda bilder. Väven blev stulen.

Och det var kanske tur..., säger Eva Persson.

När utställningen lider mot sitt slut blir fem stora vävar stulna vid ett inbrott.

– Det hände på biblioteket, uppe på Henriksdalsberget i Stockholm, säger Eva Persson. Jag var utomlands. Maria fick ut lite försäkringspengar och köpte garn för dem. Hon blev mycket ledsen, förstod man av hennes mor Anna-Lena, men till mig sa hon aldrig något om det.

De stulna vävarna finns bara kvar på dia-bilder och skärmar med förklarande text. Titlarna är *Pilen - en riktning* (1967), *Gränsen* (1967), *Brunnen* (1967), *Anat ansikte* (1968) och *Kompis* (1969). I ett brev till Sara Lidman, skriver Maria Adlercreutz:

"Det har varit svårt att arbeta ett tag, man blir trött av en sådan upplevelse – men jag hoppas snart komma igång med nya vävar." I ett senare brev säger hon: "Av de stulna vävarna var det bara en med direkt politiskt motiv." Troligtvis menar hon gobelinen *Kompis*, med skuggspelet av "gubben gå" och marinsoldaten "som tränger tvärs

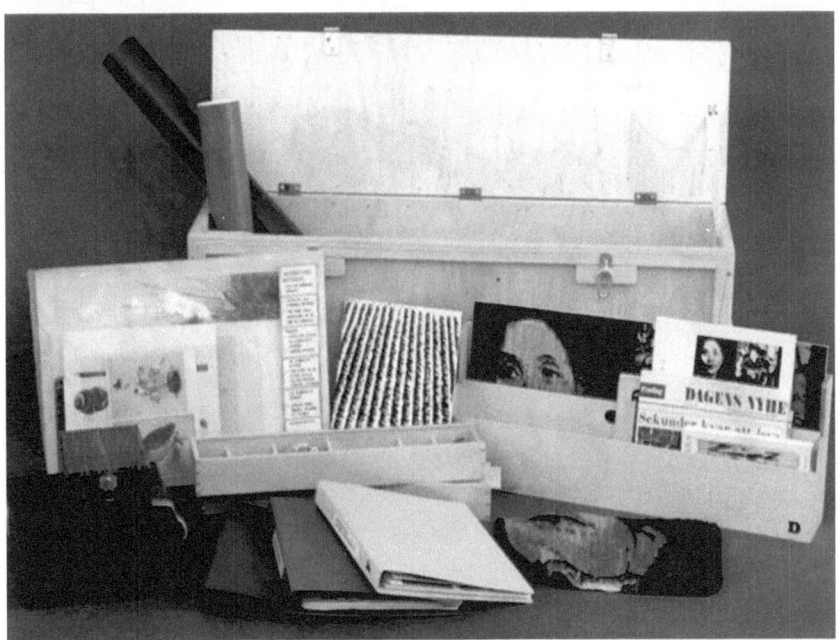

Materiallådor i Riksutställningars Vävda bilder.
I mitten Marias Ett brev om bilder.

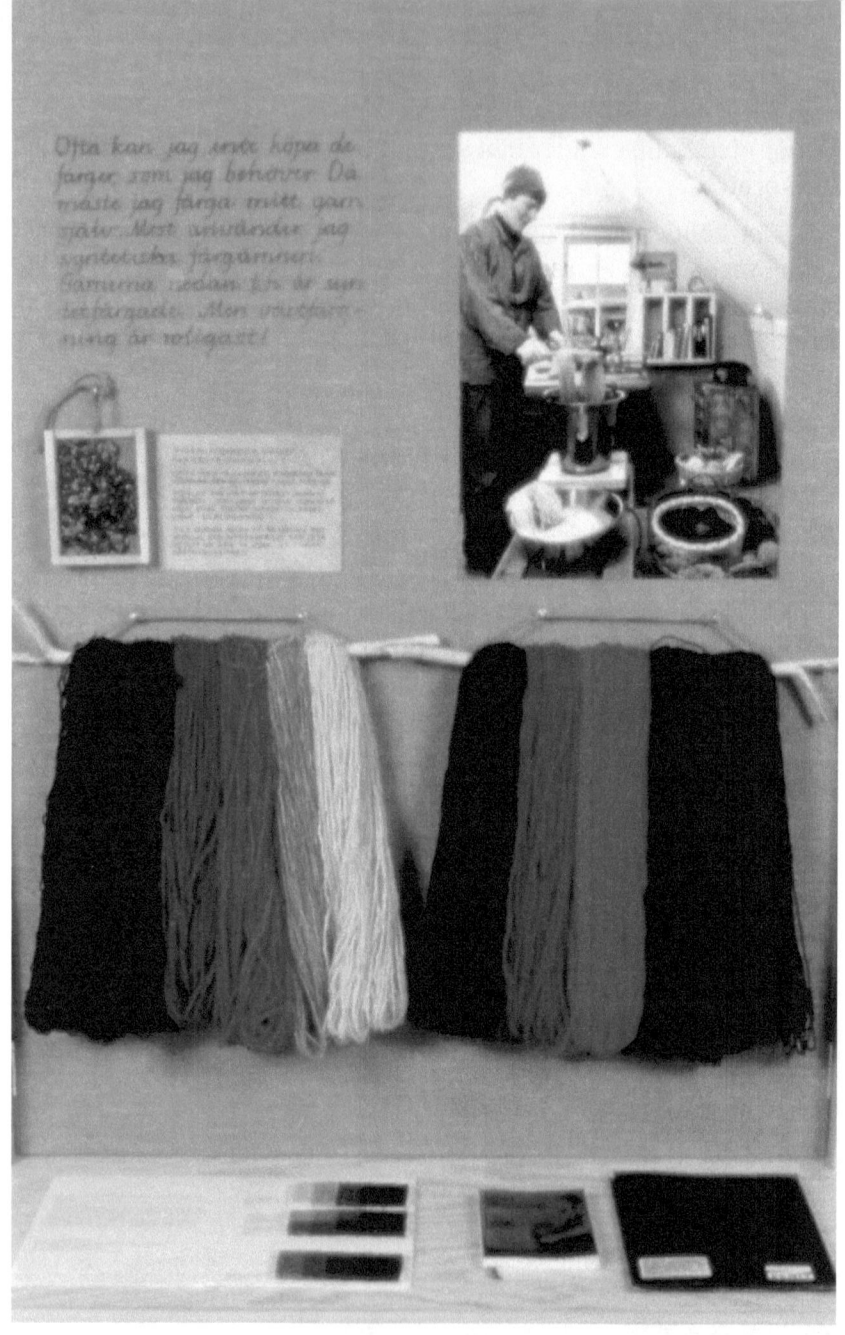

"Ofta kan jag inte köpa de färger som jag behöver. Då måste jag färga mitt garn själv. Mest använder jag syntetiska färgämnen. Garnerna nedan till höger är syntetfärgade. Men växtfärgning är roligast." (Maria Adlercreutz)

igenom den gående". Väven har hon "upplevt som en drömsyn, en mardröm i novemberljus - de kala trädgrenarna tecknar ett oredigt flimmer kring den lille mannens hotade promenad". Den lille mannen "funderar inte, protesterar inte, låter sig tveklöst infogas inom de ramar samhället tilldelar honom". Och soldaten likaså "fullföljer sin uppgift som en bricka i ett spel där han inte tar eget ansvar".

Bildidén till verket *Anat ansikte* dyker upp i en trottoarsten. Maria väver ett "hungeransikte" sedan hon läst professor Georg Borgströms böcker om "jordens krympande resurser och orättvist fördelade tillgångar" som kom ut under 1950- till och med 1970-talen. Redan i november 1968 har hon deltagit med *Anat ansikte* och ytterligare två gobeliner i utställningen *Möte med nye textilier - 17 svenska og danske experimenterer* på Köpenhamns Konstindustrimuseum. Recensenten Vibeke Wilbye ser ett "stort allvar " i gobelinerna och att "här märktes mer än hos många andra en strävan efter att skapa fri konst med textila material".

Förlagan till *Pilen – en riktning* "som här betvivlar sig själv", upptäcker Maria, målad på perronggolvet i en tunnelbanestation. Pilen ska visa "gå dit", men "här är formen så illa underhållen och sedan lång tid så utnött att den självklara riktningsvisaren mera står som ett frågetecken över sin egen uppgift", skriver hon.

Brunnen är "ett möte med en okänd verklighet". I gatukontorets brunnslock ser hon ett ansikte. Väven *Gränsen* ber hon om ursäkt för. Bilden är kanske "alltför privat", men hon urskuldar sig med att säga "jag var tvungen att väva den för att göra min belägenhet tydlig – för mig själv". *Gränsen* visar slitna räfflor i en trappsten "som får stå som bildlika galler bakom vilka man försöker förskansa sig, förtränga sorg och alltför smärtsamma minnen – utan framgång. Ljus och mörker kämpar sin eviga kamp – ingen undgår den i sitt innersta."

De fem vävarna har aldrig återfunnits.

Naturen inspirerar Maria. Hon visar på dess storslagenhet och rytmer. I boken *Svensk textilkonst,* 1979, uppmärksammar Edna Martin och Beate Sydhoff att Maria Adlercreutz "allt mer kommit att arbeta med strukturer och färger ur naturen, men ser dem inte enbart som rik form och kolorit utan också som ett koncentrat av världen, ett mikrokosmos där det allra minsta egentligen är det allra största."

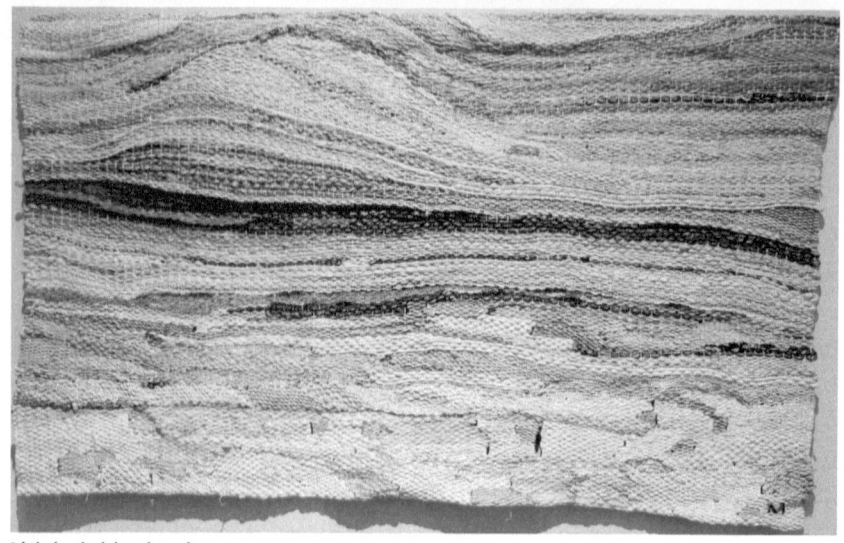

Abiskojokks kanjon, 1976, 61 x 101 cm.

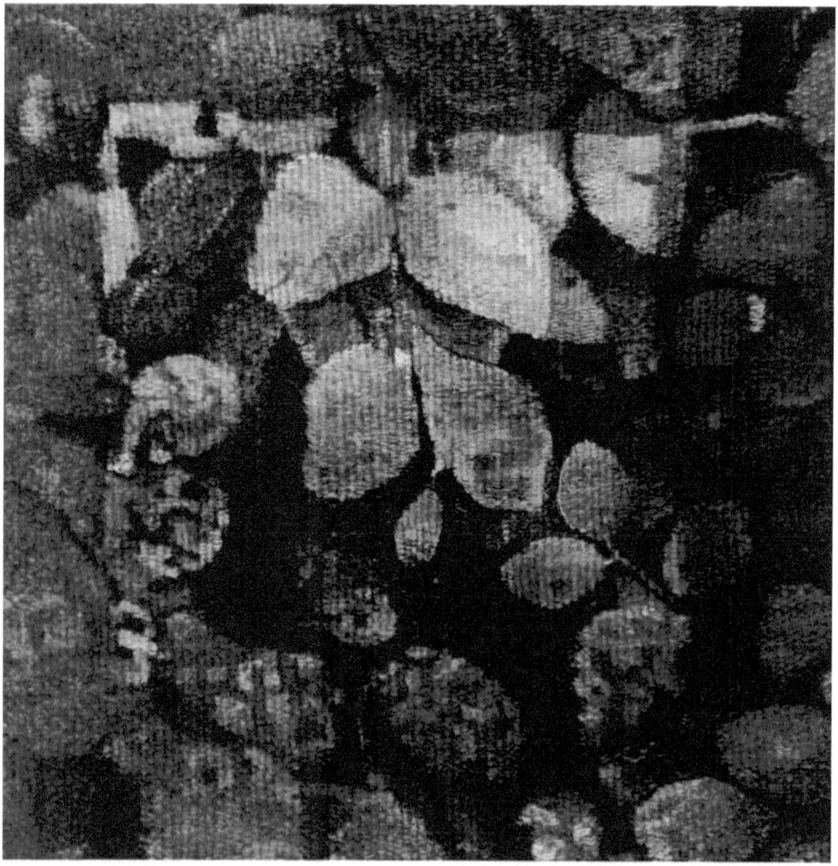

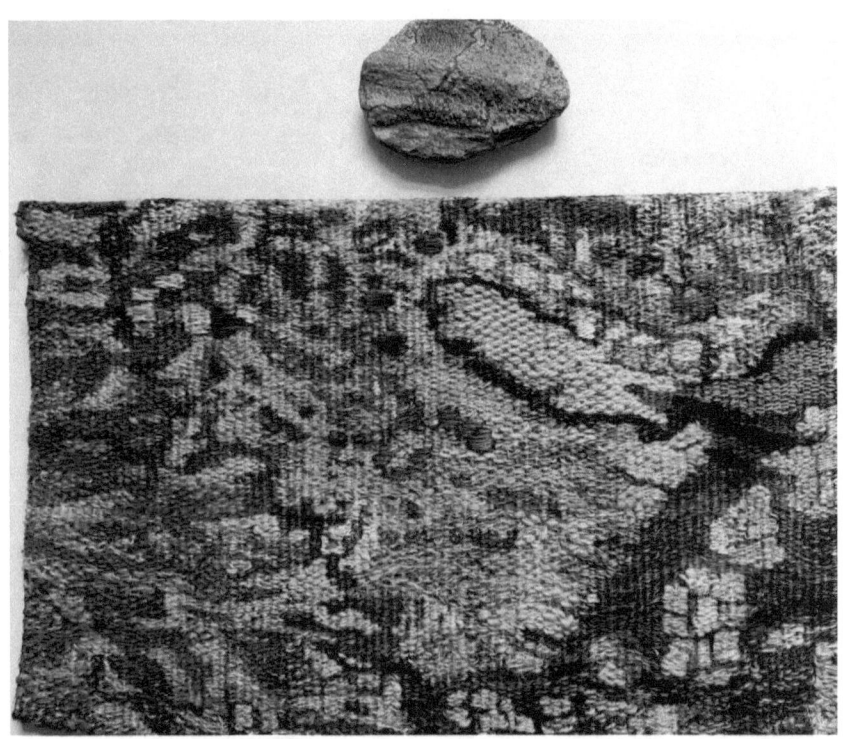

Lavsten, 1965 – 1970, 23 x 39 cm. Tillbehör: Lavsten.
Till vänster Gåtan, 2001, 37 x 35 cm.

Abiskojokks kanjon (1976) är ett exempel. DN-journalisten Carin Nilsson skriver om denna väv vid ett besök i Maria Adlercreutz ateljé att hon i vävstolen gör vad hon kallar "skalövningar". Väver efter en liten sten med lavar i ärggrönt, svart och violett – "knappt uppfattbara för ögat". Och när väven är i gång kan man upptäcka ett fjällandskap, citerar hon Maria Adlercreutz som tillägger: "Man behöver inte vara geolog för att uppleva att samma krafter framskapat det stora landskapet och den lilla detaljen i det".

Vårens grönska förevigar Maria Adlercreutz i gobelinen *Gåtan* (2001). Gåtans gröna blad och bruna jord lyser igenom en vävd ram i blått.

– Jag älskar baksidan på denna väv och på hennes andra vävar. Vi pratade om att inte dölja något, säger vännen och textilkännaren Annika Ekblom på Linum.

För Maria Adlercreutz är det framför allt de politiska verken hon vill visa upp. Arbetet med flera av dem tar många år. Jämsides arbetar

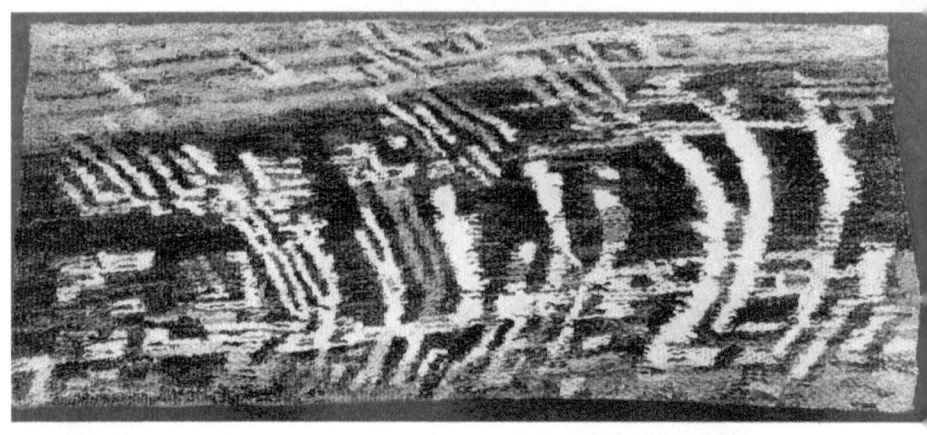

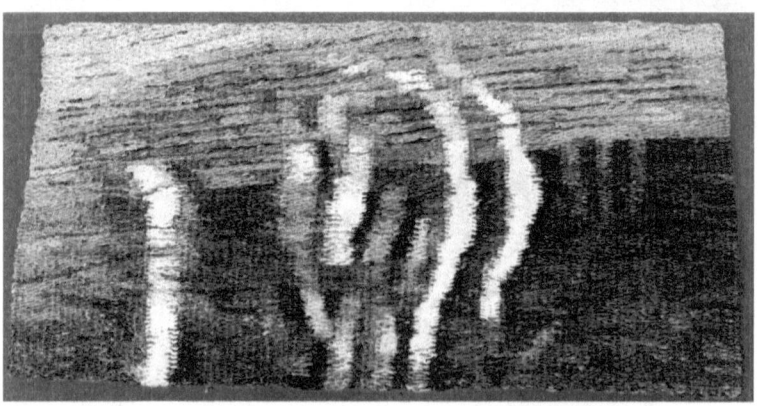

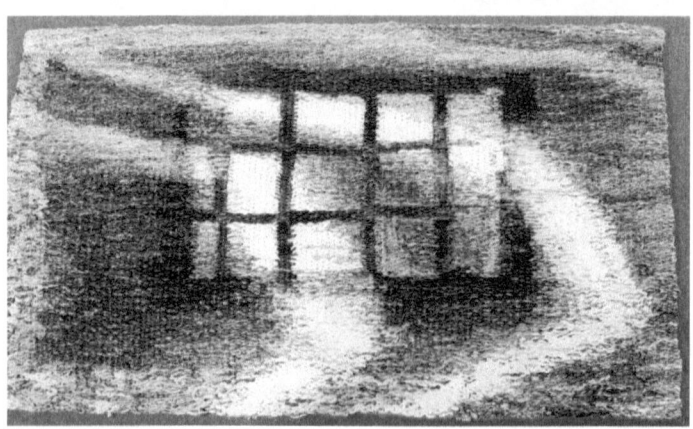

Theodorakissviten 1978, överst Jag är fronten, 53 x 129 cm
sedan Gravsång, 53 x 94 cm, nederst Här är ljuset, 53 x 84 cm.
På väven till höger skriver Maria på baksidan: "Gravsång, text Jannis Ritsos".

hon med mindre naturmotiv och även akvareller från Bohuslän och Jämtland.

Några av dessa naturmotiv finns i dag på Nationalmuseum: *Snäcka* (1974), *Blåmussla* (1974), *Trä, med träbit* (1994) och *Lava* (1994).

Maria följer de storpolitiska händelserna i världen. En militärjunta tar 1967 makten i Grekland och fördöms i Sverige. Kompositören Mikis Theodorakis fängslas och friges efter internationella påtryckningar. Med sin musik bekämpar han militärjuntan i Aten. Theodorakis sångcykel *18 sånger till mitt förbittrade fosterland* ger Maria "en intensiv upplevelse". Den inspirerar till att "i en svit på fem vävar söka skildra livsrytmerna, de kraftfulla, obetvingliga som ingen mur och inga kedjor någonsin kan besegra". Hennes idé är att "översätta musiken" till ett "annat formspråk" och följa rytmen i snäckor, ådringar i drivved och golvtiljor samt föra över dem i fem vävar med olika väv-rytmer.

Theodorakis musik förbjuds i Grekland. "Man kan aldrig stänga in rytm. Den passerar igenom fängelsemuren som om den vore luft", säger Maria i en TV-intervju. Hon provväver 1974 och hela verket *Theodorakissviten* (1978) blir klart fyra år senare. Materialet är ull, snören av hampa, lin och bomull. De vita rytmerna är vävda med grekiskt bomullsgarn som "träffar bouzouki-instrumentets klang". Vävarna representerar varsin sång: *Gravsång, Jag är fronten, Här är ljuset, Ännu en tid* och *Gråt inte över Greklands folk*. Hon väver också *Fången* (1979). Ett tydligt fängelsegaller i samma format och färger som sviten. Vävarna hänger i biblioteket i Sävar i Västerbotten.

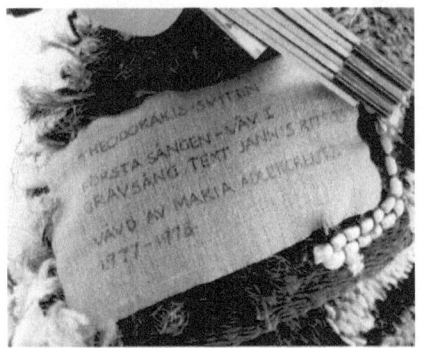
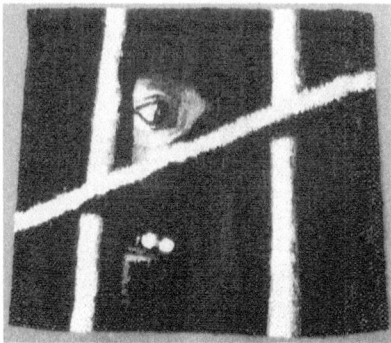

Militärkuppen i Chile 1973 fördöms också i Sverige. Maria Adlercreutz skissar på en väv efter en pressbild från en folklig demonstration i huvudstaden Santiago.

Bilden visar människor som upprört demonstrerar mot Pinochets militärjunta. Väven kallar hon *Ropet*. Gör en noggrann skiss och provväver den centrala personen i bilden 2010. En man med intensiv blick ropar ut sin vrede. Väven i sin helhet blir aldrig klar.

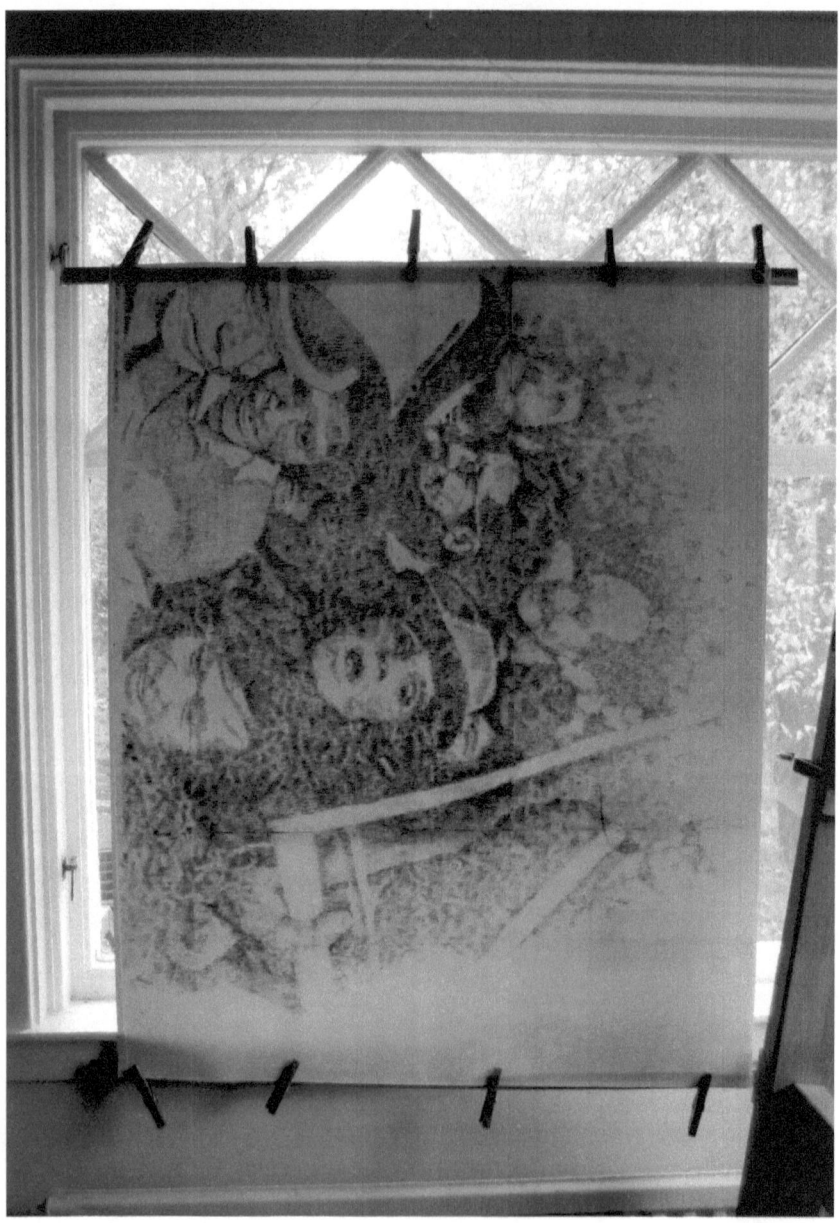

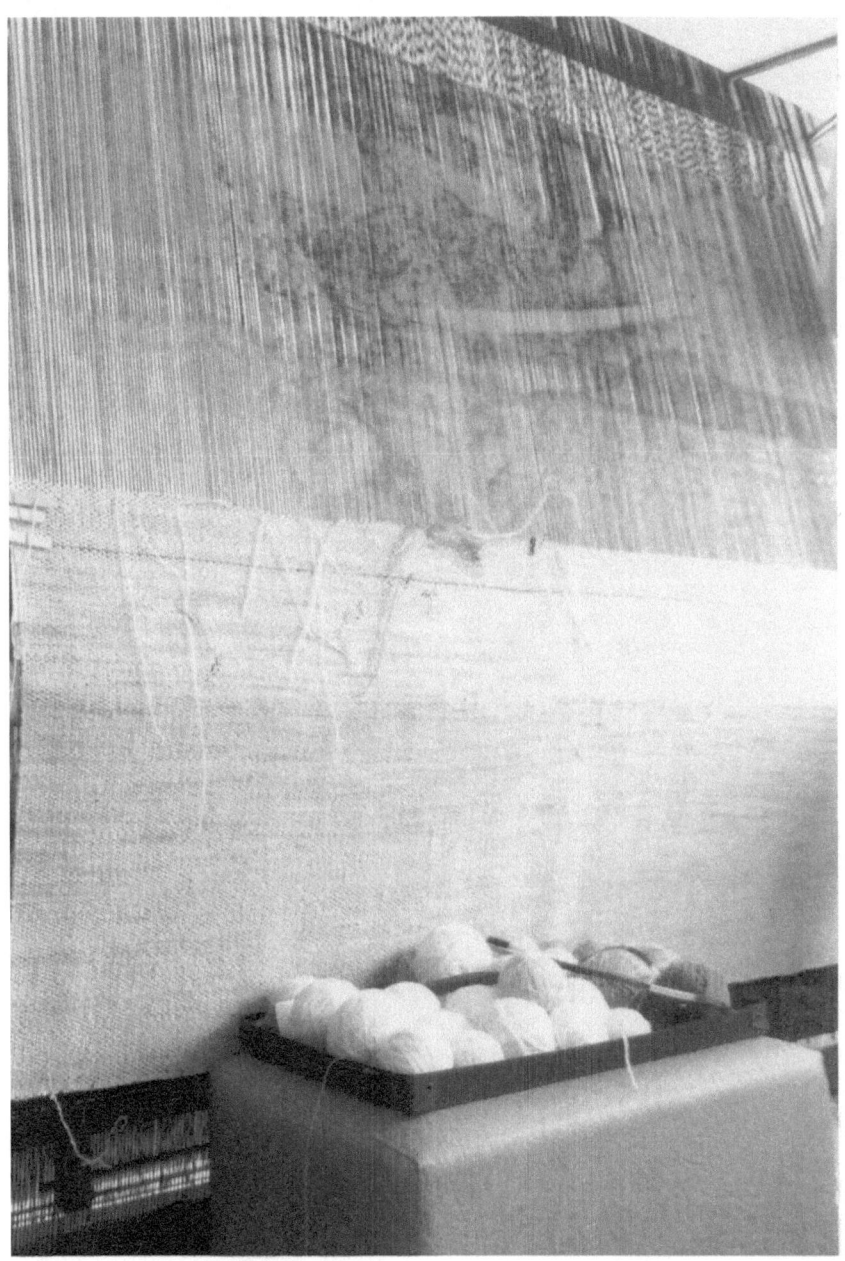

Väven Ropet påbörjad, fotot taget i februari 2014. Maria tecknade med blyerts noggranna skisser av sina motiv, förlagor för vävens alla inslag, som hon hängde upp i fönstret vid vävstolen, till vänster. Hon vävde bilderna från sidan, som framgår av väven i vävstolen och förlagan i fönstret.

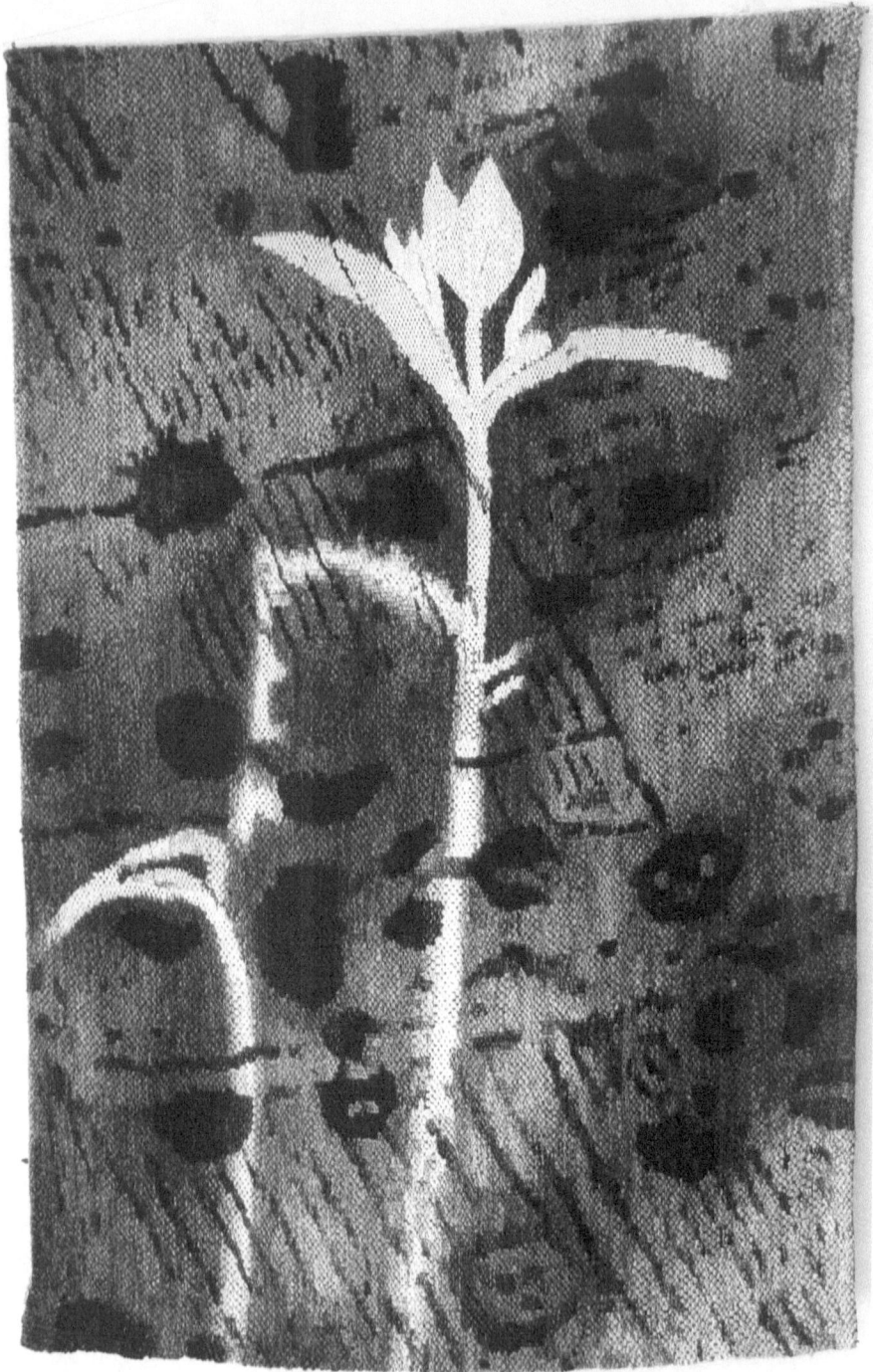

På denna mark, 1979, 123 x 82 cm. Tillägnad Vietnam.

Fredsavtalet i Paris om Vietnam sluts 1973 och de vietnamesiska styrkornas offensiv i april 1975 avslutar kriget. När fredsavtalet skrivs under börjar Maria Adlercreutz komponera gobelinen *På denna mark* (1979). Väven tillägnar hon Vietnam. Ingela Romare, som filmade tillsammans med Lennart Malmer under kriget, gav Maria fotografier från Vietnam.

– Vi gjorde 1974 filmen *Att se Vietnam*. Maria blev mycket tagen av de filmbilder där det bröt fram blommor ur asfalten på en av USAs militärbaser. Troligen fick hon idén till väven härifrån, berättar Ingela Romare.

Om väven *På denna mark* skriver Maria: "Upp ur ett landskap, täckt av bombkratrar, växer järnorkidéerna. Under långa onda år av skoningslös terror lyfte den sin enda blomma, i tro på och i förvissning om seger över barbari och våld – bilden av en motståndsvilja, seg som gräset. I dag framstår järnorkidén för mig som sinnebilden för återuppbyggnad och för det nya liv som måste gro och växa ur den fruktansvärt sargade jord och de otåliga svårt skadade människor som USA lämnat efter sig som ett ohyggligt vittnesbörd om sin krigföring i Vietnam, Laos och Kambodja."

På denna mark är gjord i ull, lin och silke. Väven visar två vita stjälkar. Den längre har en vit blomma och står mot ett landskap med risfält, perforerat av bombkratrar i svart. Titeln är hämtad från en dikt av poeten Ngo Vinh Long som då studerar vid Yale-universitetet i USA och protesterar mot bombningarna i hemlandet. Som titel väljer hon första strofen.

På denna mark
där varje gräs är ett hårstrå
och varje jordkoka en människomuskel
I detta land
där det regnar blod
och haglar ben
Där måste livet få blomma

Ngo Vinh Long

Dikten och en bild på väven publiceras i katalogen *Fredens väv. Textila bilder om fred och ofred i vår tid* (1983) som ges ut till Frikyrkliga studieförbundets riksutställning med samma namn. *På denna mark*

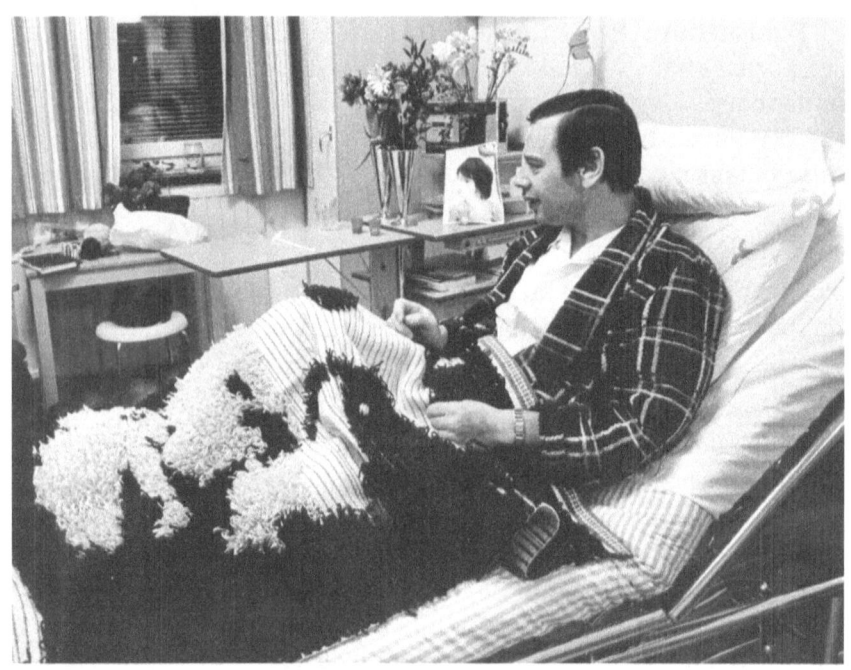

Lucho, José Naya, på Södersjukhuset i Stockholm, knyter ryan med Che Guevara. Maria skaffade ryabotten, färgade garnet och drog upp bilden.

Maria med modern Anna-Lena och kusinen Jan Kumlien.

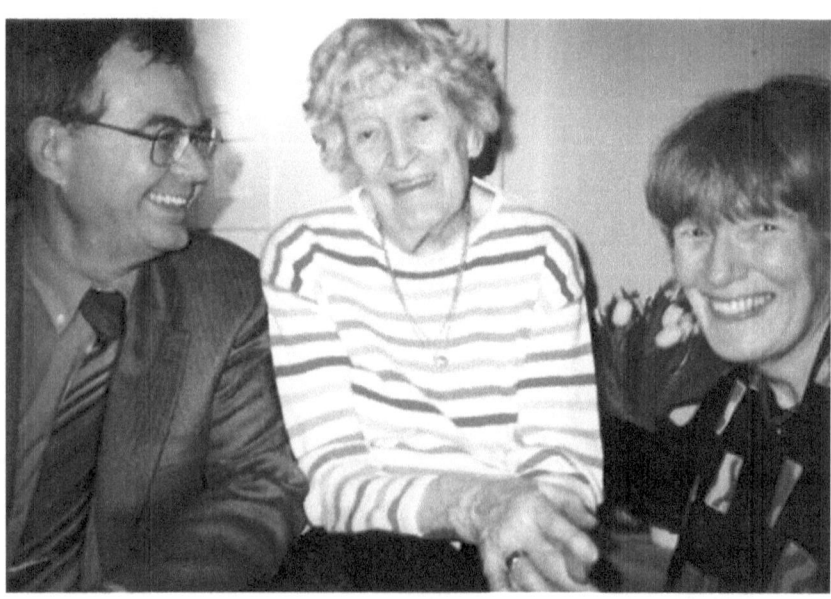

ingår i utställningen. Och den visas 2013 i Uppsala Missionskyrka under Globala veckan. Frikyrkan tillhör de organisationer som ger ett fortsatt stöd till Vietnam efter fredsavtalet.

"Det sätt på vilket segern vanns i Vietnam är en oerhörd kraftkälla för oss alla i vår vardag", skriver Maria Adlercreutz i ett brev 1976 till vännen Sara Lidman, opinionsbildare i tal och skrift mot USAs krig i Vietnam. De lärde känna varandra när Maria 1972 ställde ut på Galleri Heland. Provväven *I hennes ögon bevaras folkets ljus* skänker hon till Sara.

I mars 1978 reser Maria till Vietnam. När hon kommer hem får hon veta att Eva Björklunds sambo José Naya, kallad Lucho, blivit allt sämre, han har cancer. Han är flykting från motståndsorganisationen Tupamaros i Uruguay. Med sig till Sverige har han två egenvävda plädar i lamaull i chilensk tradition.

– En dag uppe i Marias ateljé på Kvarngatan visade hon Lucho väven *Fyra bilder av tredje världen* med Che Guevara, berättar Eva Björklund. Han ville uppfylla sin dröm att som Maria göra en bild av Che, men hur? Maria skaffade då ryabotten, drog upp bilden av Che och färgade in garn. Lucho satt i sin säng på Södersjukhuset med ryan i knät och knöt sitt testamente.

Lucho dör i augusti 1978. Maria kommer med Anna-Lena och Harald till minnesstunden; salen är fylld med flyktingar från Latinamerika.

Marias engagemang i vännerna är stort. De beskriver henne som mycket "vänfast", "omtänksam" och "ödmjuk". Omdömen som "passionerad" och "överklass" nämns också. På ett ark antecknar hon:

Kanske oförlåtligt
Att vara KLASS-DESERTÖR

Maria Adlercreutz var medveten om sitt ursprung och sin brytning mot överklassen och dess värderingar. Hon ställer sig på de förtryckta folkens sida och följer inre övertygelser. Bakgrunden ger henne självförtroende och styrkan att ta ovanliga beslut. Men hon bryter inte med sina föräldrars ursprung och bjuder alltid in släkten till Udden vid högtider och bemärkelsedagar. Den tidiga förlusten av en älskad far sätter spår. Hon har svårt att handskas med separationer. Strategin blir att aldrig överge någon. Samtidigt utvecklar hon en stor

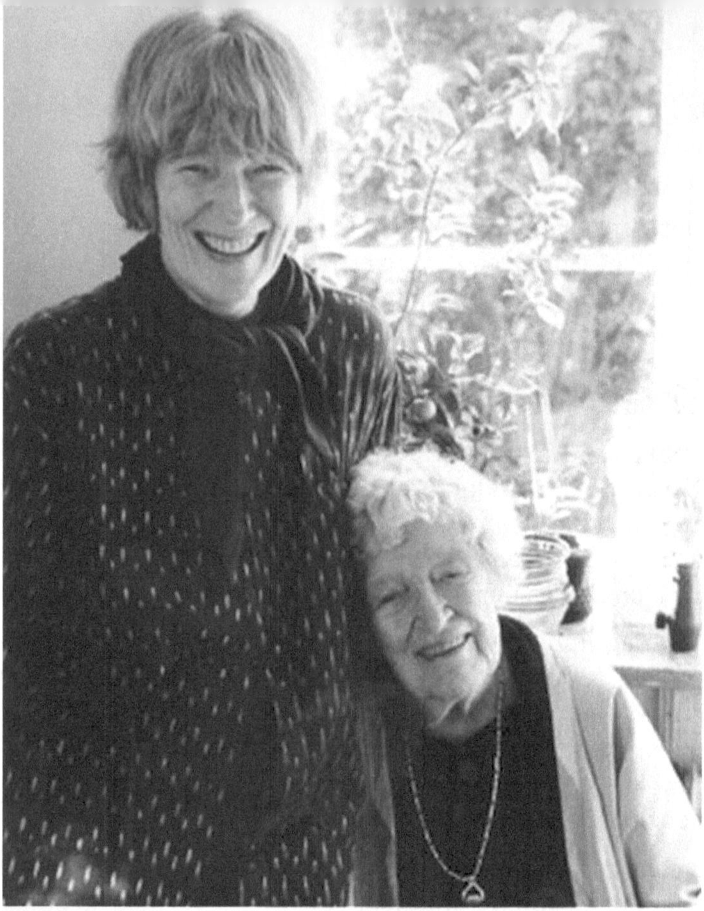

Maria och modern Anna-Lena i "Gröna huset" på "Udden" och vid sommarlunch med gudbarnet Ludvig.

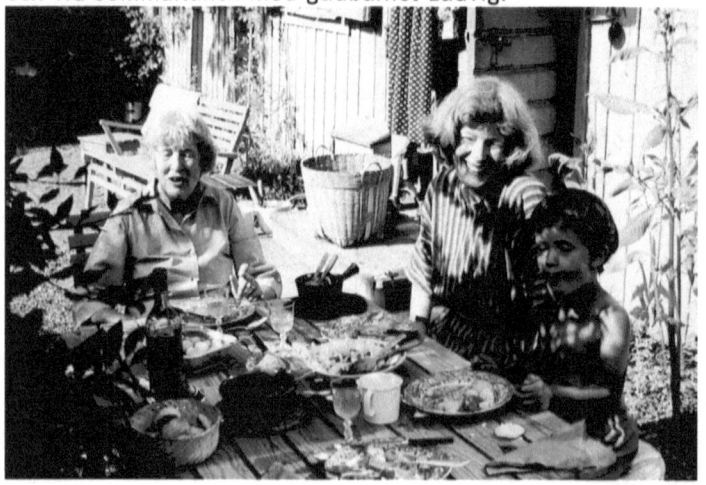

förmåga till inlevelse i och förståelse för andra människors utsatthet.

– Maria var mycket väluppfostrad men samtidigt alltid trogen sig själv, säger Lilian Domec. Vännerna träffas ofta hemma hos mamma Anna-Lena på Blockhusudden. Anita Persson berättar:

– Anna-Lena var väldigt lojal mot Harald. Hon utstrålade stor ömsinthet mot honom. Alla Marias män omslöts av mamman. För Maria var det så självklart.

Anna Lindblad, vän och avlägsen släkting till Harald, säger att han hade dryckesperioder då han fick ångest:

– Han kunde komma hem till mig och fråga: "Vilken färg har ångest?"

Maria minns också Haralds starka ångest. På ett ark med en teckning av Harald i profil, skriver hon att ångestens färg är:

Svart/umbra sepia
BRÄNNANDE
Vitt
Ångestens vita färg

Våren 1979 drabbas även Harald av aggressiv cancer. Han vårdas på Sabbatsbergs sjukhus.

– Maria ringde mig och Roffe och frågade om vi kunde skjutsa honom från sjukhuset till Udden. En dag då han hade permission. Harald var tunn men stilig. Han dog dagen efter, berättar Anna Lindblad.

Maria beskriver i ett brev till Anna långt senare Haralds sista dag. På övre delen av brevpappret har hon målat ett landskap i akvarell i grå toner.

"Så många år sedan vi träffades här ute, på Blockhusudden. Då Du (och Roffe på den tiden) tog så väl hand om Harald. Jag har fina bilder på Dig (som klipper Haralds hår) och Roffe, som sitter i Solen, som en famn, i den lysande våren. Våren 1979 – Haralds sista. Ja, ni gjorde hans tillvaro lättare och gladare! Körde honom från Sabbatsberg, med lilla bilen, till Udden. I sina vänners sällskap, var Harald trots sin sjukdom väl tillfreds – den sista dagen i sitt liv, 20 maj 1979."

Samma kväll ringer Maria gråtande från sjukhuset och ber Eva Björklund komma dit.

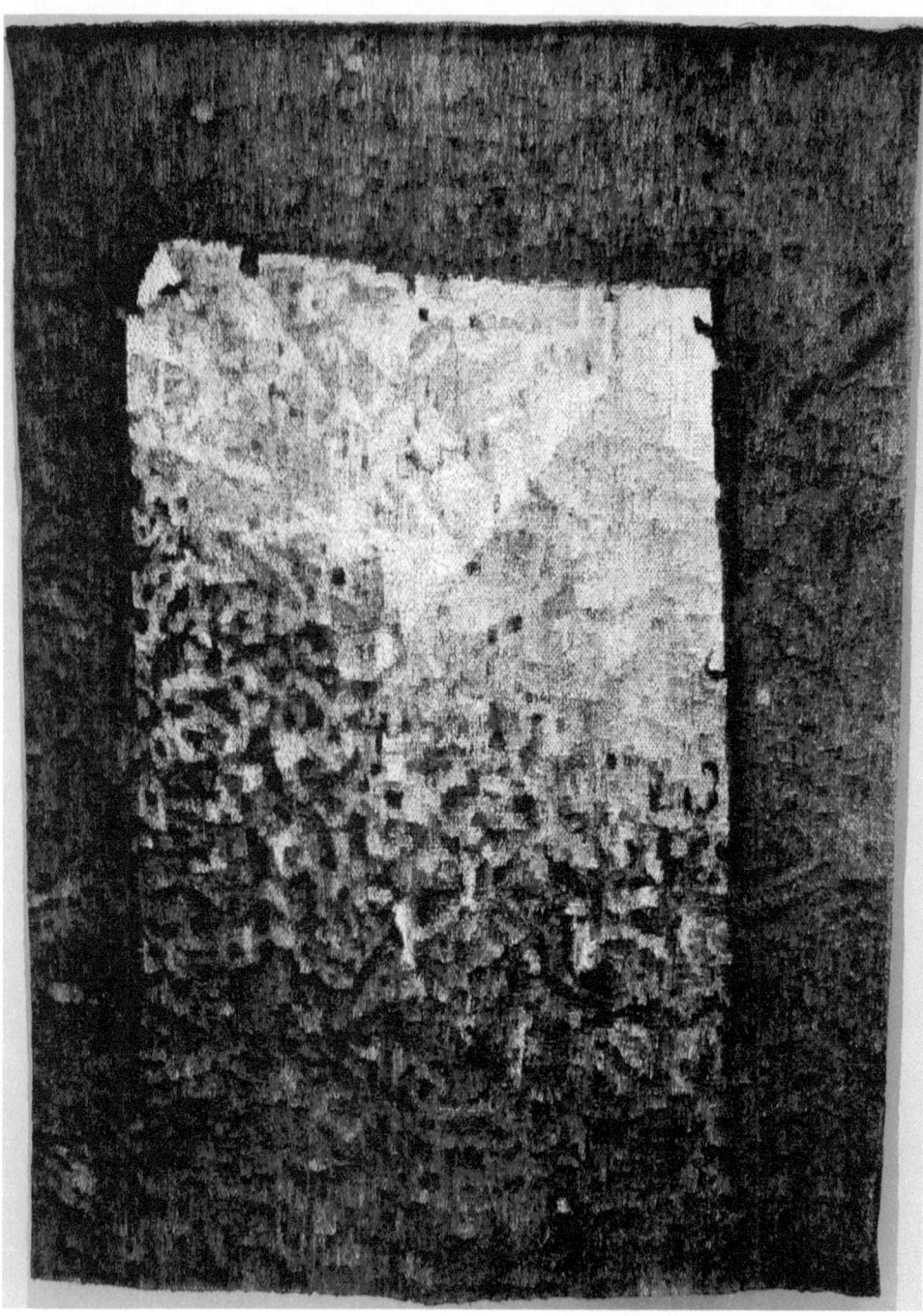

Brevet, 1988, 156 x 116 cm.

– Jag höll länge om Maria där vid Haralds bår med det nya livet inom mig. Det skulle binda oss samman – för alltid. Ludvig, Luchito, Luchos son, föddes två veckor senare. Maria kom till BB-avdelningen och höll honom kärleksfullt intill sig. Det var en lycka att ha dem. Och jag "adopterade" Maria och Anna-Lena som moster och mormor. "Udden" blev ett andra hem för Ludvig.

Han blir ett av Marias tre gudbarn – tillsammans med Clara Fagerlind och Anna Laine. Och hon lägger mycket tid och omtanke på dem, liksom på andra barn som behöver stöd.

Saknaden efter livskamraten Harald är stor. Maria berättar i ett brev till Sara Lidman: "Du skriver om de sörjande, som för tusende gången upprepar: Det är som jag aldrig förrän i dag begripit att han är borta... den verkligheten lever jag i nu; och den man som var så skiftande och ogripbar under sin levnad, framträder nu i sin fulla dimension – min tacksamhet och förundran över att han levat är lika stor som min sorg att han inte finns mer."

Hos Sara talar hon om "ledan, om allt som bleknade efter Haralds död". Sara uppmuntrar henne för att hon ska återfå arbetsförmågan. "S tycker att jag försöker gömma undan min kraft", skriver Maria i dagboken. Sara upprepar: "Du har styrkan! Erkänn den. ... Låt tråden gå rakt igenom Dig!"

Maria begraver Harald i faderns familjegrav på Norra begravningsplatsen i Solna. Låter gravera in namnet Harald på en liten

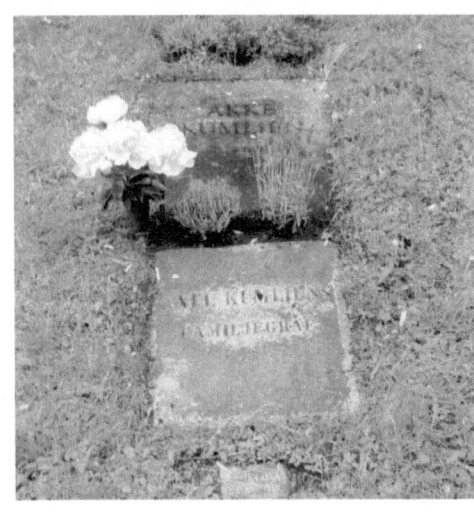

Akke Kumliens familjegrav där både Harald och Maria är begravda.

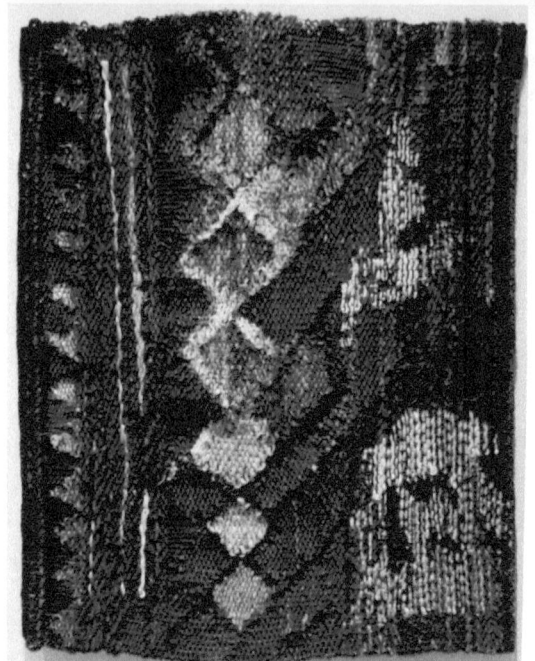

ANC, 1980-1985, 61 x 50 cm.
Det vita mörkret, provväv, utan år, 40 x 29 cm.

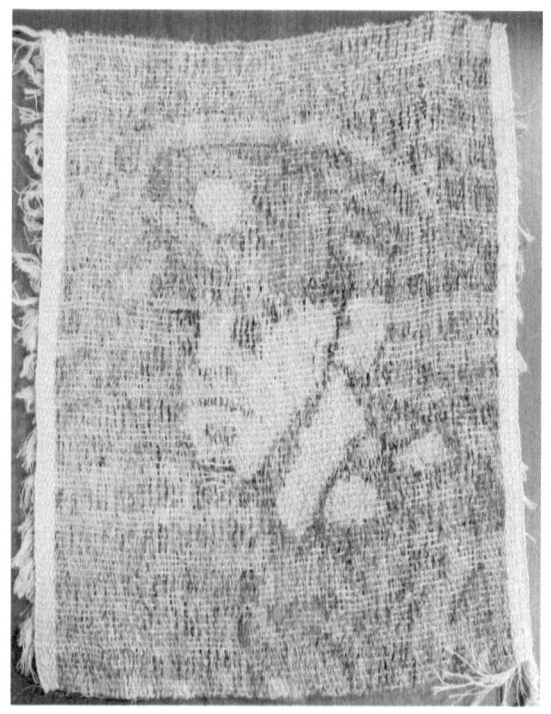

natursten och lägger den på graven. På tåget hem från Västerbotten antecknar hon i dagboken minnet av ett tillfälle då hon tycker sig ha mött Harald på kyrkogården.

Under 1980-talet arbetar Maria Adlercreutz sju år som kontorist tillsammans med sin mor på Almqvist och Wiksell. Hon kontaktas 1982 av dataingenjören Göran Sundqvist som blivit intresserad av hennes vävteknik. Han är pionjär när det gäller datorns möjligheter inom den konstnärliga processen. De blir ett par och flyttar ihop på Norrtullsgatan. Efter nio år tar förhållandet slut.

Maria väver endast ett fåtal verk under dessa år. Två handlar om Harald. Porträttet *Vårt enda rede är våra vingar* (1986) är det ena. I en dröm, nedtecknad i dagboken i Missenträsk, ger Maria en ledtråd till titeln: "Dröm: örnen på åkern? Drog upp axlarna/vingarna/som H?" Materialet är vitt garn; ull och lin. Väven kunde lika gärna vara en tunn skiss i blyerts på ett vitt ark. Först nära inpå, framträder konturerna av ett ansikte. Konturerna finns där, om än svaga. Maria kämpar länge med denna väv, men blir aldrig nöjd. Det andra verket om Harald är *Brevet* (1988). En stående gobelin av ett brev fläckat av smuts i gult och brunt.

– Inspiration till väven fick Maria från ett brev hon sett i rännstenen, nästan upplöst och svårt att läsa, berättar Ingela Romare. Hon upplevde brevet där det låg som en hälsning från Harald. Det var, förklarade Maria, trots allt "ett vackert brev".

Till utställningen *Ting äger rum. Nutida svenskt konsthantverk och design*, 1988 på Liljevalchs Konsthall i Stockholm, väljer hon att visa *Brevet*.

Lusten att väva nya politiska verk kommer så småningom tillbaka. Hon skaffar en ny, stor ateljé i ett vindsrum på Ringvägen och börjar arbetet med gobelinen *Det vita mörkret* om apartheid och förtrycket av Sydafrikas svarta befolkning. Med vännerna och afrikaforskarna Gunilla Andrae och Björn Beckman diskuterar hon utvecklingen i södra Afrika.

– Maria var mycket gripen av situationen i Sydafrika, minns Gunilla Andrae.

Hon gör också två vävar om ANC, befrielseorganisationen i Sydafrika. *ANC* (1985) visar organisationens flagga. I väven *To ANC* (1986) kikar ett öga fram ur ett tigerliknande mönster.

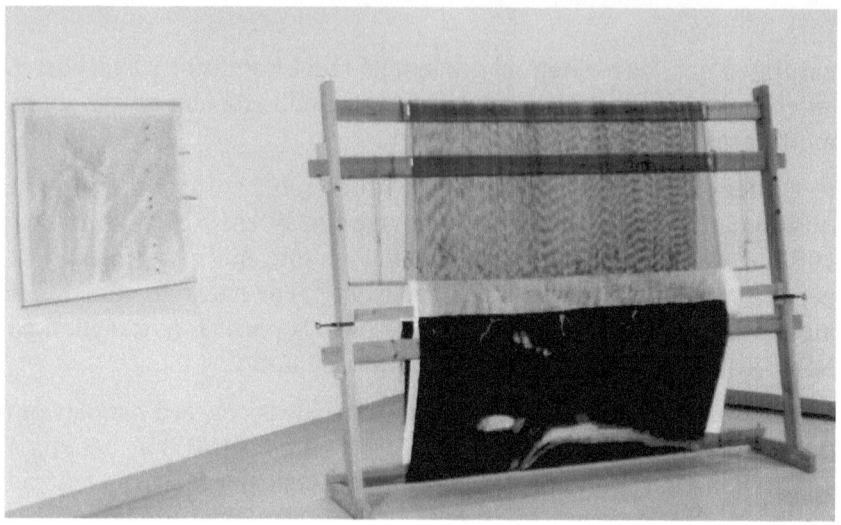

Norrtälje Konsthall ville på utställningen 2007 också visa väven i vävstolen. Nedan: Centralt fotoutsnitt och en detalj av den baksida av Skogsanden som Maria ansåg skulle hänga fritt för att kunna ses från båda håll.

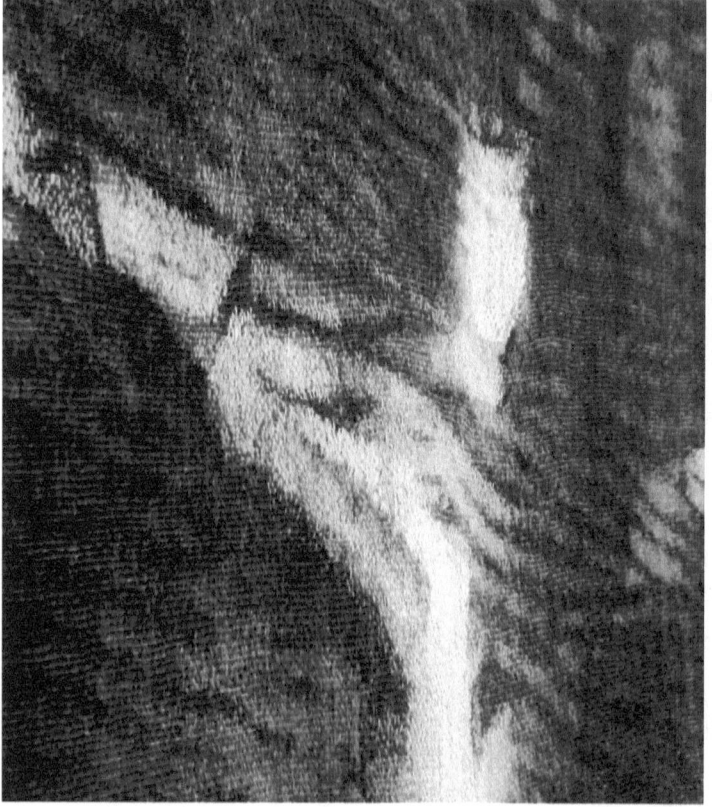
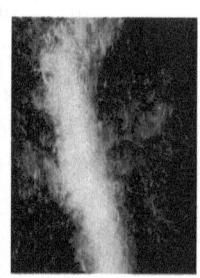

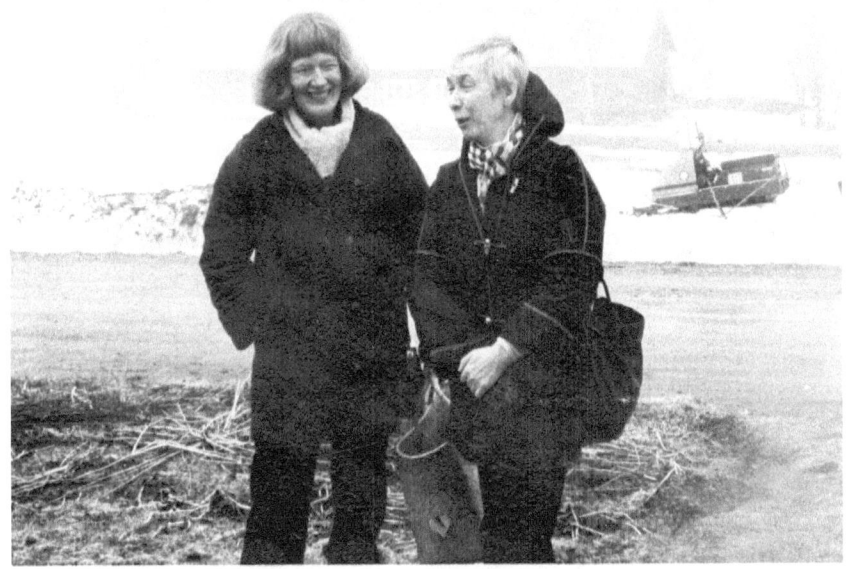
Maria Adlercreutz hos goda vännen Sara Lidman i Missenträsk.

Tiden i Missenträsk hos Sara Lidman inspirerar Maria Adlercreutz till att väva gobelinen *Skogsanden* (2002-2012). "Mycket snö strålande sol. Disig blå ton på himlen. Violetta björkar", skriver Maria i dagboken 14 april 1983. Den 26 april noterar hon: "i den kalla kvällen", "fuktig fullmåne otroliga blå toner i åsarna". Vädret slår om 2 maj: Vi gick ut "i den klara milda kvällen, ljuset ett svävande violett mot blått". Färgerna väver hon in i *Skogsanden*. I dagboken 27 april har hon strukit för: "Sara om ljuset: `Det upplyser dig inifrån – du bara står där och darrar. Du kan inte gömma dig någonstans´."

Om *Skogsanden* skriver hon när väven är klar: "På min väv lyser flamman – järtecknet? – i det vibrerande norrskenet – ständigt skiftande, slår upp i strålar, som lika fort förvinner – makten kan söka, och söker gripa, kväva den brinnande anden, finner intet – och ljuset bränner till, på nytt och på nytt." Hon har en "omtumlande upplevelse" av "modiga sanningssägare", som inte lät sig skrämmas av överheten, när hon ser norrlandseposet *Den stora vreden* i Iggesunds Bruksmuseum 1990.

Skogsanden blir det sista verk som Maria Adlercreutz själv fullbordar. Hon testamenterar det 2014 till Museum Anna Nordlander i Skellefteå. Väven är "inspirerad av Sara Lidmans naturfilosofi", skriver hon och förklarar att den "bör hänga fritt så att betraktaren kan gå runt den och se den från båda håll, för olika upplevelser".

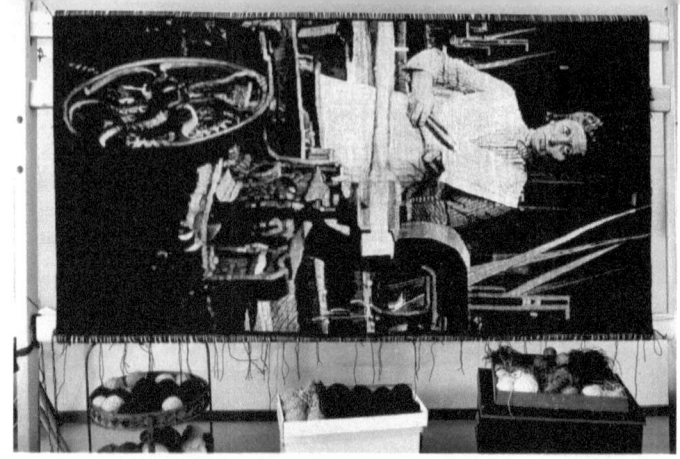

Väven Hanna Keller i vävstolen blev klar 1994. 220 x 100 cm.

Hanna Keller, provväv, 1991-94, 40 x 30 cm.

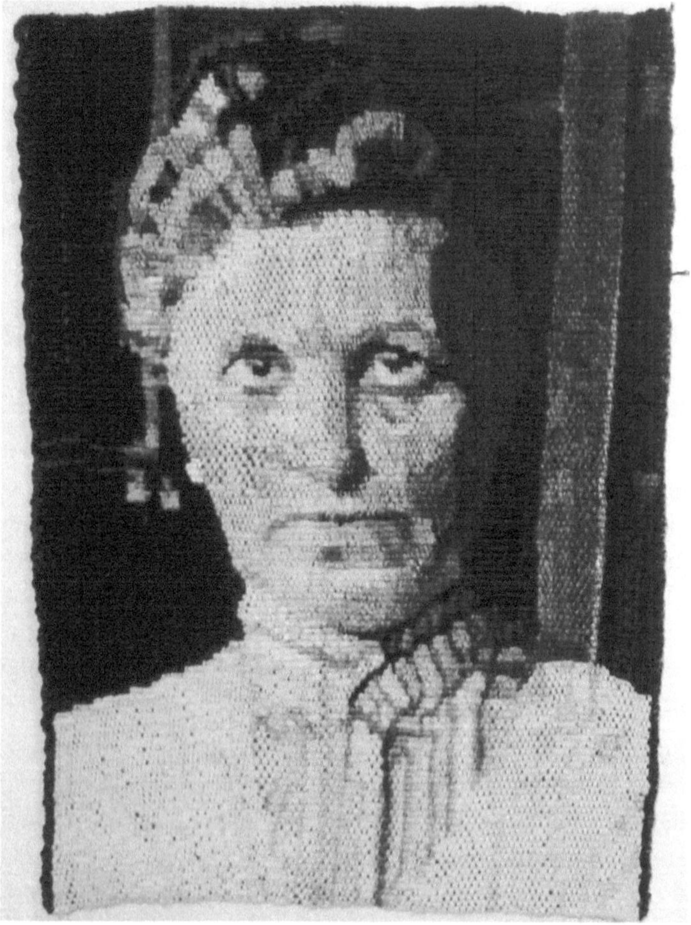

Eva Persson, nu konstnärlig ledare vid Arbetets muséum, hör 1991 av sig. Museet vill att Maria Adlercreutz ska delta i utställningen *Textilarbetaren träder fram*. Museet beställer verk av nio konstnärer i samarbete med Beklädnadsarbetarnas förbund. I Norrköping Stadsmuseums bildarkiv hittar Maria fotografiet på väverskan Hanna Keller på Tuppens väveri. Sin noggrannhet trogen väver hon provvävar innan hon gör den slutliga väven: *Hanna Keller* (1994).

– Maria var inte nöjd med ögonen på Hanna Keller-väven. In i det sista höll hon på med dem. Ögonen på provväven som vi fick blev bättre, minns Gunilla Andrae.

Uppskattar ögonen i verket *Hanna Keller* (1994) gör ändå DN-recensenten Peder Alton, och konstaterar att: Maria Adlercreutz bildväv "gör starkast intryck". Kellers "forskande skarpa men också orädda blick som förföljer mig vart jag än går i rummet", berättar lika mycket om väverskan, hennes "personlighet och specifika arbetssituation som om det arbetsklimat som rådde inom svensk textilindustri under tidigt 1900-tal."

Maria slutar som kontorist och väver mattor vilket ger henne lite inkomster. Ersättningen för Hanna Keller-väven är överenskommen. "Men", skriver Eva Persson 1993, i marginalen på ett brev till LO, "hon vägrar att ta ut förskott. Först om hon blir nöjd med väven, om den håller, vill hon sälja den." Den såldes till slut.

Konstnären Lilian Domec bor i en enrummare i Vanadislunden. Hon minns när Maria flyttade in hos henne:

– Det hade tagit slut med Göran. Då bodde hon på min kökssoffa. Hon betraktade min lägenhet som sitt hem. Sedan dess hade hon alltid nycklar hit, även när jag var i Frankrike.

– Det roligaste vi hade var musiken. Jag kom på att vi kunde börja spela blockflöjt. Vi var fyra stycken; Maria, Gunilla, Svetlana och jag och det blev fyra stämmor. Maria spelade basflöjt. Hon hängde noterna i klädnypor här på väggen, säger hon och pekar på en pinne som hänger vågrätt i ett snöre med klädnypor på pinnen. Där stod hon och övade.

Under 1990-talet och 2000-talet ställer Maria Adlercreutz ut verk på en rad museer, både i Sverige och utomlands. Framför allt *I hennes ögon bevaras folkets ljus* och *Syskonen*.

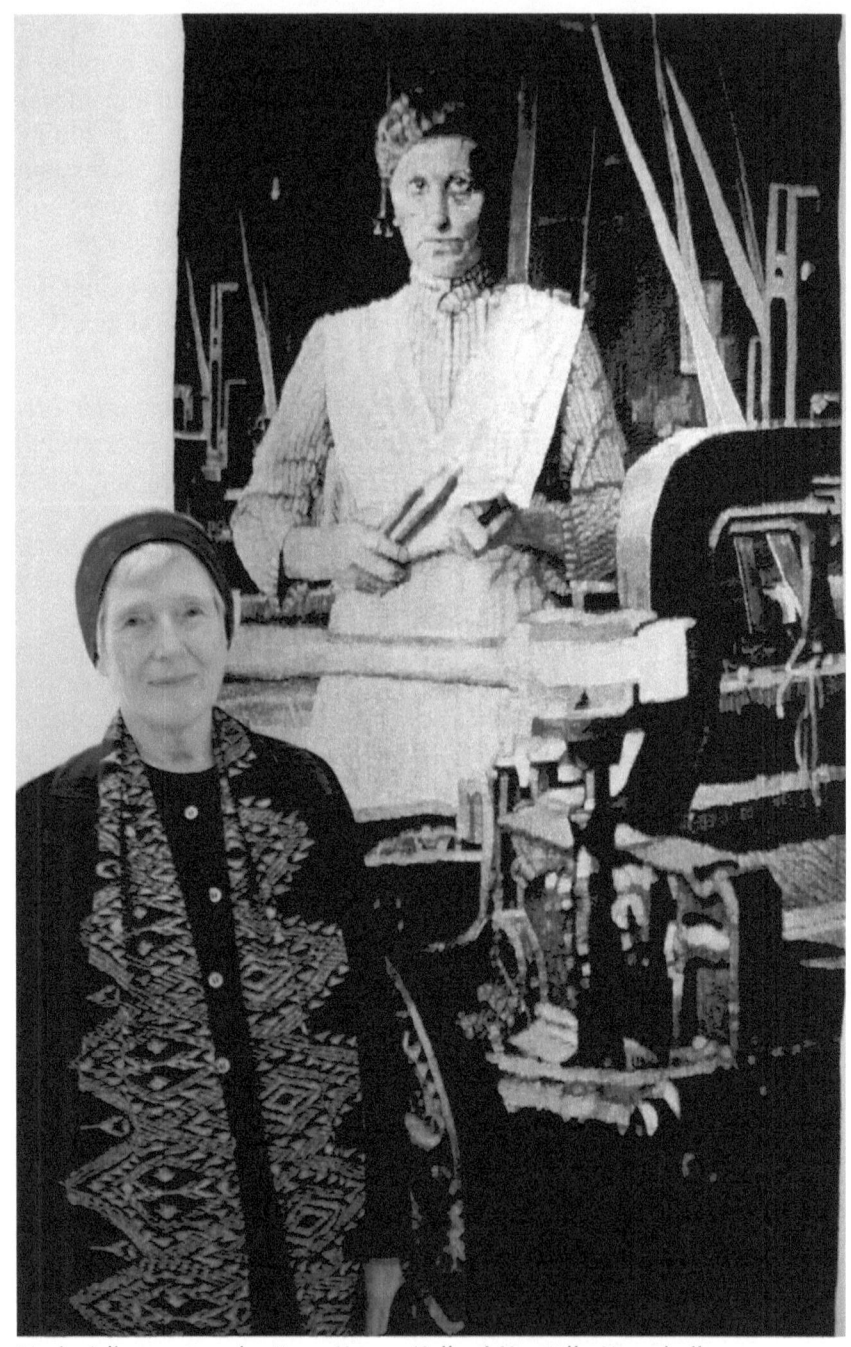
Maria Adlercreutz och väven Hanna Keller i Norrtälje Konsthall 2007.

De visas på utställningarna *Hjärtat sitter till vänster* på Göteborgs Konstmuseum 1998 och *Tre dimensioner – samtida svensk textil konst – tre museer* 1998 i Boråsområdet. På Textiltriennalen i Tournai i Belgien 1995 visar hon *Hanna Keller*.

Norrtälje Konsthall ville däremot 2007 visa på bredden i hennes konstnärskap. De kommer hem till Maria på Blockhusudden och lyfter ut hela vävstolen. Och ställer den mitt på golvet i utställningssalen. Väven Skogsanden sitter kvar i vävstolen. Marias bror Bertil Kumlien deltar i utställningen med teckningar, akvareller och grafisk form.

Maria sätter in en kontaktannons i tidningen 1994. "Jag bjuder på te och scones, så kan vi pratas vid i ateljén och lära känna varandra." Så får hon kontakt med Jarkof Qvarfordt (1921-2002). De gifter sig 1995. Han är pensionerad civilingenjör, har varit anställd vid Statens materielverk. När modern behöver hjälp i hemmet flyttar Maria till Udden. Anna-Lena Kumlien dör 1998. Maria bor kvar i huset. 2001 dör även Jarkof. Så småningom tar hon dit vävstolarna och ställer dem på den inglasade verandan på Udden.

Huset på Blockhusudden blir alltmer en "mötesplats", som hon kallar det, för vänner och de grupper om litteratur, politik och natur som hon ingår i. Maria och hennes vänner träffas ofta hos Anna-Lena. En bokcirkel med skönlitteratur från tredje världen deltar både Maria och Anna-Lena i sedan början av 1990-talet. När Sovjetunionen upplöses går Maria med i en diskussionsgrupp om världspolitik. I maj kallar hon vännerna till gökotta i våtmarksområdet Isbladskärret nära Thielska Galleriet.

I den största vävstolen sitter *Det vita mörkret* (2014), väven om apartheid i Sydafrika. Den blir hennes sista stora verk, fyra och en halv meter lång. Talesättet om Afrika som "den svarta-" eller "den mörka kontinenten" vänder Maria på. Hon gestaltar det vita styrets rasförtryck mot den svarta befolkningen. Den vita färgen dominerar väven. Annika Ekblom berättar:

– Maria började med att väva militärpolisen på gatan. Ett svart pojkansikte tittar fram bakom en jalusi där ljuset kommer in i strimmor.

Väven sitter kvar i vävstolen när Maria Adlercreutz dör. Annika Ekblom och Clara Fagerlind tar ned den och väver för. HV Licium gör

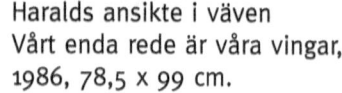

Haralds ansikte i väven
Vårt enda rede är våra vingar,
1986, 78,5 x 99 cm.

Ur Haralds anteckningsbok,
som Maria sparat, föll hans SL-kort,
ett gulnat foto av Maria och
ett sönderläst brev.

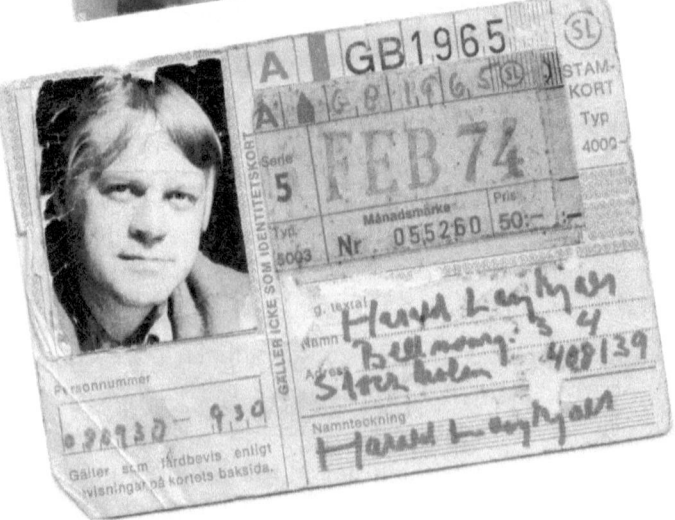

sedan en montering för att kunna hänga den.

– Det var helt fantastiskt att få fram detta ansikte – ett svart ansikte – mot en stor vit bakgrund, säger Annika Ekblom. Det var som att ta ut en mycket gammal filmrulle. En stor del av livet skulle spelas upp med allt vad som hänt när Maria satt och vävde olika avsnitt. För första gången på 24 år kan hela motivet ses.

I början av 2000-talet drabbas Maria av leukemi som hon övervinner två gånger. Men hon träffar också en ny vän, Per Olov Lithell. De delar intresset för musik, poesi och form. Han har arbetat åt NK Interiör och Nordiska Galleriet. Vävarbetet fortsätter, när hon orkar. Hon har verket *Ropet* i sin helhet uppställd vid sängen och arbetar med det in i det sista. Hon hinner inte klart. När leukemin återkommer en tredje gång går hennes liv inte längre att rädda. Maria Adlercreutz dör den 5 april 2014 på Blockhusudden.

Under sjukperioden formulerar hon sitt testamente. Där finns 80 arvingar upptagna. Större delen av arvet skänker hon till unga kvinnors utbildning i Afghanistan, Palestina och Västsahara, till offren för växtgiftet Agent Orange som USA spred i Vietnam, till Naturskyddsföreningen för att skydda bina och till en stipendiefond för studier och information om Kubas ekologiskt hållbara utveckling.

Enligt testamentet är det fritt för vännerna, när de fått sina utsedda gåvor, att välja vad de vill från Marias hem. På en liten hylla vid sängen står boken *Alice i underlandet och Spegellandet* av Lewis Carroll. Bokens teckningar av en flicka med långt hår påminner om fadern Akke Kumliens bilder av Maria.

På golvet i garderoben i sovrummet står målningar av fadern. På hyllan ovanför ligger en sliten, svart anteckningsbok. Det är Haralds poesisamling "Mitt husapotek". Dikter har tecknats ned för hand i boken, av honom själv, vänner och poeter som Gunnar Ekelöf, Olof Lagercrantz och Tomas Tranströmer. Där finns också en teckning med versen "1968"- om det revolutionära Paris - av konstnären Wifredo Lam.

Ur anteckningsboken faller Haralds SL-kort med foto, ett gulnat fotografi av Maria och ett sönderläst brev.

Brevet är till Maria från Harald, daterat den 8 maj 1979:

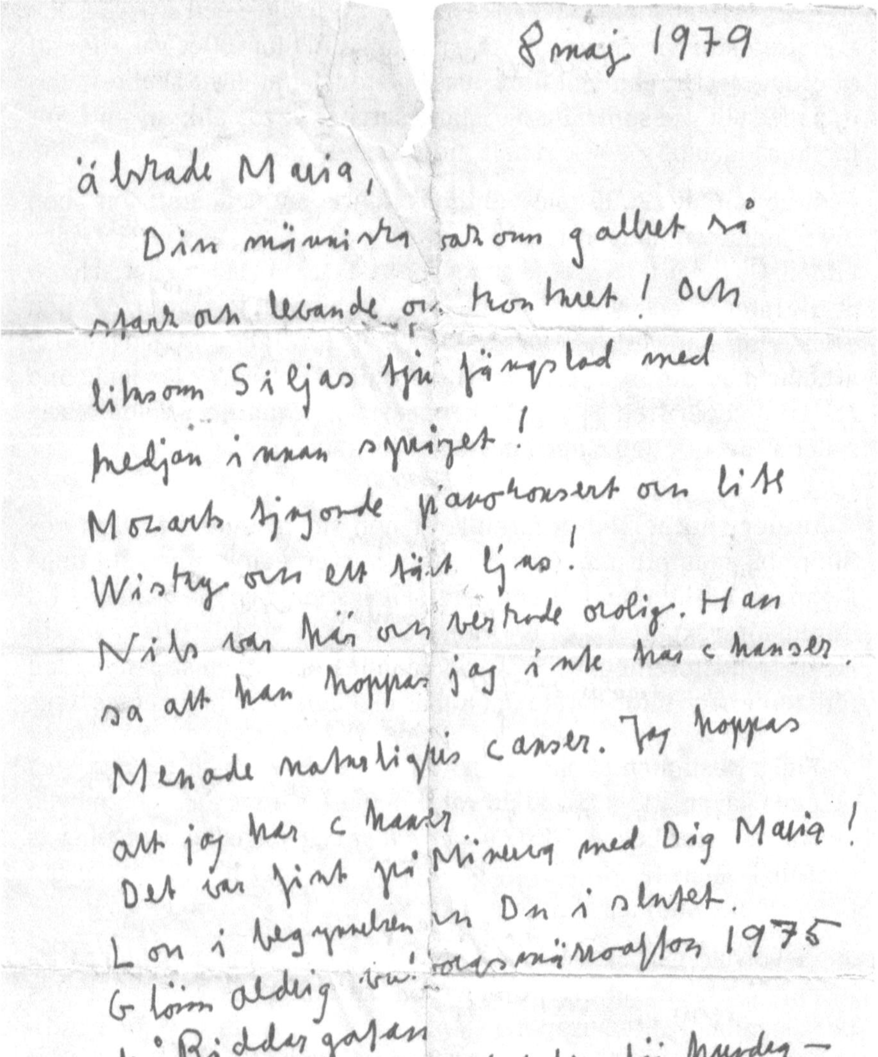

8 maj 1979

Älskade Maria,

Din människa såsom gallret så stark och levande och konkret! Och liksom Siljas själ fängslad med medjan innan språnget!
Mozarts sjungande pianokonsert om lite Wisby om ett tänt ljus!
Nils var här och verkade orolig. Han sa att han hoppas jag inte har chanser. Menade naturligtvis cancer. Jag hoppas att jag har chanser.
Det var fint på Minerva med Dig Maria! L on i begynnelsen en Du i slutet.
Glöm aldrig vår vårdagsmässoafton 1975 på Riddargatan.
Nu iväg till Sabbatsberg för tvärde – sjätte gången men hos Dig i Paradis är mitt hem.
Kram en kyssar Harald

66   Vävar vi aldrig glömmer

Älskade Maria,

Din människa bakom gallret så stark och levande och konkret! Och liksom Siljas tjur fängslad med kedjan innan språnget!
Mozarts tjugonde pianokonsert och lite whisky och ett tänt ljus!
Nils var här och verkade orolig. Han sa att han hoppas jag inte har chanser. Menade naturligtvis cancer. Jag hoppas jag har chanser.
Det var fint på Minerva med Dig Maria! Lou i begynnelsen och Du i slutet.
Glöm aldrig Valborgsmässoafton 1975 på Riddargatan!
Nu iväg till Sabbatsberg för hundrasjätte gången men hos Dig i Vanadis är mitt hem.
Kramar och kyssar Harald

Tack

Jag vill särskilt tacka Annika Nordin för läsning av manus och noggrann textredigering. Tack också till Maja Ahlroos, Eva Björklund, Ulrika Knutson, Eva Persson och Rebecka Tarschys för viktiga synpunkter.

Valdemar Gerdin, som har hand om Det Nya Museet i Sundbyberg, har vänligt ställt upp med att visa den stora samling vävar, skisser och arkiv som Maria Adlercreutz har testamenterat till honom.

Möjligheten att gå igenom Maria Adlercreutz brev och dagböcker i Sara Lidman-arkivet i Umeå har fördjupat min förståelse av konstnärskapet.

Stort tack också till de intervjuade i Marias vänkrets för era värdefulla minnesbilder: Gunilla Andrae, Eva Asplund, Björn Beckman, Eva Björklund, Lilian Domec, Annika Ekblom, Hanna Fagerlind, Anna Lindblad, Gunilla Lundahl, Anita Persson, Eva Persson, Ingela Romare, Göran Sundqvist och Susanne Qvarfordt.

Eva Brita Järnefors

Källor

Adlercreutz, Magnus och Maria: *Med färg och rörelse. Textilier för ett kyrkorum*, Vår lösen nr 2 1965.

Adlercreutz, Maria: Utkast till brev till Magnus Adlercreutz. Skarpö 1969-70. Det nya museet, Sundbyberg.

Adlercreutz, M: *Ett brev om bilder*. Riksutställningar 1972.

Adlercreutz, M: Anteckning om *Skråpuken, Öde land* och *Syskonen*. Odat. Det nya museet.

Adlercreutz, M: Katalog: *Överleva LEVA!* Konsthallen, Göteborg 1973.

Adlercreutz, M: *Theodorakissviten. "Vinden inom dig skall du tro på"*. Dikt: *Inoms vind* av Sten Hagliden. Bakgrund, tankar, texter. Ur dagboken 1974-75, Sävarbiblioteket.

Adlercreutz, M: Anteckning – "Klass-desertör" 7 juli 1975. Det nya museet.

Adlercreutz, M: Brev till Sara Lidman 14 okt 1978. Sara Lidman-arkivet, Umeå.

Adlercreutz, M: Brev till Sara Lidman 19 okt 1979. Sara Lidman-arkivet, Umeå.

Adlercreutz, M: Utkast till programblad: *På denna mark* 1980. Det nya muséet.

Adlercreutz, M: Anteckning och teckning av Harald Langkjaer. Odat. Det nya muséet.

Adlercreutz, M: *Dagbok Missenträsk* 14 apr - 3 maj 1983. Besök hos Sara Lidman, Sara Lidmanarkivet, Umeå.

Adlercreutz, M: Brev till Anna Lindblad 1999 eller början av 2000. Privat.

Adlercreutz, M: Brev till Museum Anna Nordlander om Skogsanden, MAN Skellefteå, 14 jan 2014.

Alton, Peder: *Arbetarkultur porträtterad.* Dagens Nyheter 11 april 1994.

Bergmark, Torsten: *Befriad från all otålighet.* Dagens Nyheter 15 januari 1972.

Broms, H, Göransson, A: *Kultur i rörelse – en historia om Riksutställningar och kulturpolitiken* (2012). Kap 2: *Utställning som medel*. Bokförlaget Atlas.

Gelin, Cecilia: Kapitel: *6 kvinnor blickar tillbaka*. Katalog: *Hjärtat sitter till vänster* (1998). Göteborgs Konstmuseum.

Gram, Magdalena: *Bokkonstnären Akke Kumlien* (1994) Norstedts.
Gram, Magdalena: *Minnen av Maria* 2014. Opubl.

Hanseaus, Åke: *Några inblickar hos konstnärinna i tiden*, Sundsvalls Tidning 11 mars 1976.

Ngo Vinh Long: *På denna mark*, dikt publ i Katalog: *Fredens väv. Textila bilder om fred och ofred i vår tid*, Frikyrkliga studieförbundet (numera Bilda) 1983.

Högman, Christina: *Maria Adlercreutz vävda bilder.* (1981).
C-uppsats. Konstvetenskapliga institutionen, Uppsala universitet.

Kumlien, Akke: *Akvarell, gouache, pastell och tempera. Teknisk handledning*, Norstedts (1948).

Leckius, Ingemar: *I öknen går de vilda fåren*, Bonniers. (1968)

Lidman, Sara: *Vänner och u-vänner*, Bonniers. (1969)

Lilliehöök, Anders: *Till Marias minne*, nov 2014. Opubl.

Martin, E, Sydhoff, B: *Svensk textilkonst* (1979), Liber förlag.

Nilsson, Carin: *Hon berättar om äventyret att se.* Dagens Nyheter 30 april 1976.

Nörregård-Nielsen, H-E: *På billedet ser man hvordan*, Information 13 juni 1972. Hämtat ur Christina Högmans C-uppsats.

Odlander, R, Ilkner, L: *Samtida konst: Det finns bilder man inte får glömma.* Sista delen i TV1s konstserie, 23, 29 okt 1976.

Olvång, Bengt: *Befria blott tingen, och frigjord du bliver; befria dig själv, och du frie dem gör.* Paletten nr 1 1977.
Olvång, Bengt: *Se på konst och välja sida*, Aftonbladet, 13 jan 1972.

Persson, Eva: Brev till Kersti Bosdotter, LO, mars 1993.

Sydhoff, B: *Textilt genombrott.* Svenska Dagbladet 14 jan 1972.

Wickman, K: *Maria Adlercreutz, Om innehåll och form.* Paletten nr 1 1977.

Zetterlund, Christina: *Intervju Maria Adlercreutz.* Katalog: *Tumult – dialog om ett konsthantverk i rörelse (*2010). Gustavsbergs Konsthall.

Weiss, Peter: *Sången om skråpuken* (1967), Bo Cavefors Bokförlag.

Widegren, Vera: *Den röda tråden. Vägar till väven.* (1974).
Riksutställningar. Visas i TV2, 22, 27 jan 1977.

Widman, Dag: *I hennes ögon bevaras folkets ljus. En vävnad av Maria Adlercreutz.* Essä i *Möten. 18 essäer om konst ur Nationalmusei samlingar.* Red: Ulf Abel (1992). Statens konstmuseer och Streiffert & Co Bokförlag HB.

Widman, Dag: *Konsten i Sverige. Konsthantverk, konstindustri, design 1895-1975.* AWE/Gebers 1975.

Sven Öste: *Sekunder kvar att leva.* Foto: Ronald L Haeberle. Dagens Nyheter 28 nov 1969.

Biografi
Eva Brita Järnefors

1936	Anne-Marie Kumlien, kallad Maria, föds 15 juli i Stockholm. Dotter till Anna Lennartsdotter (1907-1998), kallad Anna-Lena, sekreterare på bokförlag och Axel Ragnar Kumlien (1884-1949) kallad Akke, bokkonstnär, skriftställare, målare och lärare.
1946	Akke Kumlien utses till intendent för Thielska Galleriet. Familjen flyttar till tjänstebostad i museet.
1949	Akke Kumlien dör plötsligt. Modern och Maria får lämna intendentbostaden för ett tillfälligt boende. Flyttar efter flera år in i "det gröna huset" på Blockhusudden.
1956	Studentexamen vid Statens Normalskola, Stockholm. Börjar Konstfackskolan textillinjen. Huvudlärare är Edna Martin.
1957- 58	Praktikant vid Kulturen, Lund
1959- 62	Konstfack. Väljer färglära och färgning för Gösta Sandberg.
1962	Erbjuds anställning på Licium, Handarbetets Vänner, HV, av Edna Marin, chef för HV, och gör kyrkotextil. Ser Hannah Ryggens utställning, Moderna Museet, Stockholm, som gör stort intryck.
1963	Slutar på HV men får uppdrag av dem. Arbetar på Susan Gröndals verkstad med inredning. Egen ateljé och färgeri tillsammans med textilkonstnären Åsa Bengtsson. Gifter sig 6 juli med Magnus Adlercreutz (1930-2001), förste amanuens vid Stadsmuseet, Stockholm.
1965	Monumental kyrkobonad, mässhakar och predikstolshängen klara till Nya stadens kyrka i Lidköping. Ställs först ut på HV. Väver altarbonad till S:t Görans kapell på Svenska Scoutförbundets folkhögskola i Kjesäter gård i Vingåker.
1966	Reser till Spanien med Magnus inför hans utställning *Konst och politik – Spanien 1966*, Stadsmuseet. Tar fram dokumentärt bildmaterial om spanska inbördeskriget.
1967	Träffar Harald Langkjaer (1930- 1979). Han blir 1968 och fram till sin död hennes livskamrat. Möter konstnärerna Lou Laurin Lam och Wifredo Lam i samband med hans utställning på Moderna Museet, Stockholm. Väver *Pilen – en riktning*, *Gränsen* och *Brunnen*. Börjar skissa på *Kompis* som blir klar 1969.
1968	Reser till Kuba med en stor grupp kulturarbetare. Väver *Anat ansikte*, *Öde land* och *Skråpuken*. De sistnämnda köps in av Riksutställningar.

	Ställer ut *Anat ansikte* med flera verk på Köpenhamns Konstindustrimuseum.
1970	Väver *Fyra bilder av tredje världen* (1970). Köps in av Riksutställningar.
1971-72	Väver *I hennes ögon bevaras folkets ljus* (1972). Galleri Heland, Stockholm ställer 1972 ut *I hennes ögon bevaras folkets ljus* med flera politiska vävar. Separatutställning och genombrott som konstnär. Nationalmuseum köper in *I hennes ögon bevaras folkets ljus*.
1972-78	Riksutställningars utställning *Vävda bilder*, i Björn Eds utformning, visas på museer och bibliotek i landet samt skolor i Skellefteåtrakten. Med *Ett brev om bilder* introducerar hon besökaren. Filmen *Den röda tråden* visas. Fem verk blir stulna: *Brunnen, Gränsen, Pilen - en riktning, Anat ansikte* och *Kompis*.
1973	Göteborgs Konsthalls utställning *Överleva – leva!* Ingår också i utställningen *Fri textil*, Lunds Konsthall. Militärkupp i Chile. Skissar på väven *Ropet*. Erhåller LO:s Kulturpris tillsammans med Göran Palm, Björn Hedén, Lars Sjösten, Bo Kinnås, Elise Einarsdotter och Astrid Assefa.
1973-74	Väver *Sydvietnamesisk flyktingpojke* (1973), *Nordvietnamesisk skolflicka* (1974) och *Syskonen* (1974) liksom *Snäcka* (1974) och *Blåmussla* (1974). Samtliga verk tillhör Nationalmuseum.
1974	Skilsmässa från Magnus Adlercreutz. Ställer ut under Isländska Festspelen i Nordens Hus, Reykjavik, Island.
1975	Väver *Vietnamesisk flicka* (1975). Deltar i utställningen *Kvinnfolk*, Malmö Konsthall.
1976	Väver *Abiskojokks kanjon* (1976). Konstserie på TV1: *Det finns bilder man inte får glömma*, om Maria Adlercreutz, Peter Dahl, Beth Laurin med flera. Året därpå visar TV filmen *Den röda tråden*.
1976-79	Väver *Theodorakissviten* (1979). Köps av Umeå stad och placeras i biblioteket i Sävar.
1977	Utställningen *Verkligheten sätter spår*. Röhsska, Göteborg och Kulturhuset, Stockholm.
1978	Reser i mars till Vietnam.
1979	Tillägnar Vietnam verket *På denna mark*, komponerad och vävd 1975-79.
1980	Arbetar sju år på Almqvist och Wicksell som kontorist.

1982	Deltar i utställningen *Arbete för fred*, Kulturhuset, Stockholm. Besöker Sara Lidman i Missenträsk 1982-86. Träffar Göran Sundqvist. De går skilda vägar 1991.
1983	Deltar med *På denna mark* i Frikyrkliga studieförbundets riksutställning: *Fredens väv. Textila bilder om fred och ofred i vår tid.*
1984-88	Väver *Vårt rede är våra vingar* (1986) och *Brevet* (1988). Påbörjar arbetet med *Det vita mörkret* (2014) och väver *ANC* (1984) och *To ANC* (1986).
1988	Liljevalchs: *Ting äger rum. Nutida svenskt konsthantverk och design.* Ställer ut *Brevet*.
1994	Inbjuds 1991 att delta i utställningen *Textilarbetaren träder fram*, Arbetets museum, Norrköping. Deltar med *Hanna Keller* (1994)
1995	Gifter sig 21 september med Jarkof Qvarfordt (1921-2002).
1997	Internationella Textiltriennalen i Tournai, Belgien. Deltar med verket *Hanna Keller*.
1998	Anna-Lena Kumlien dör. Deltar i *Hjärtat sitter till vänster*, Göteborgs Konstmuseum och *Tre dimensioner – samtida svensk textil konst – tre museer*: Borås Konstmuseum, Textilmuseet, Borås och Rydals museum.
2001	Väver gobelinen *Gåtan* (2001).
2002	Jarkof Qvarfordt dör. *Reflex*, Handarbetets Vänner visar *På denna mark.*
2005-07	Ingår i utställningen *Konstfeminism*, producerad av Dunkers Kulturhus, Liljevalchs konsthall och Riksutställningar samt boken *Konstfeminism*, 2005.
2006	Länsmuseet, Halmstad visar akvareller från Haverdal och vävar.
2007	Norrtälje Konsthall visar en rad verk. Tillsammans med brodern Bertil Kumlien.
2008	*6808 – Utställning och seminarieserie*, Färgfabriken, Stockholm.
2009-10	*Tumult. Dialog om konsthantverk i rörelse*, Gustavsbergs konsthall.
2013	Skisser i utställningen *Ett häftstift i skon*, Saltskog Gård, Södertälje.
2014	Testamenterar *Skogsanden* (2014) till Anna Nordlanders museum, Skellefteå.
2014	Maria Adlercreutz dör i hemmet på Blockhusudden 5 april.
2015	Handarbetets Vänner gör klar *Det vita mörkret* (2014).

Verklista - Maria Adlercreutz
Eva Brita Järnefors

Tisteln, 1962, Finnväv i ull, 50 x 27 cm,
Privat ägo, Stockholm
Utan titel, tidigt 1960-tal, Abstrakt textil i rosa toner, 40 x 29 cm,
Det Nya Museet, Sundbyberg
Utan titel, tidigt 1960-tal, Glesväv, 113 x 84 cm,
Det Nya Museet, Sundbyberg
Utan titel, tidigt 1960-tal, Glesväv i lin, bomull, 29 x 38 cm,
Det Nya Museet, Sundbyberg
Utan titel, tidigt 1960-tal, Abstrakt motiv i ull, bomull, lin, 39 x 27 cm,
Det Nya Museet, Sundbyberg
Monumental kyrkobonad, 1965, Gobelin i ull, 500 x 200 cm,
4 predikstolhängen: *Solen, Getsemanekalkens tecken, Fisken, Trädet*,
4 mässhakar,
S:t Sigfrids kyrka, Lidköping
Brunnen, provväv 1 A, mitten av 1960-talet, Ull, plast, bomull och nylonsnören, 46 x 40 cm,
Det Nya Museet, Sundbyberg
Altarbonad, 1966, Gobelin i ull, 200 x 205 cm,
Privat ägo, Kjesäter gård, kapellet, Vingåker
Grotthästar, 1966, Gobelin i röda toner, Privat ägo, USA
Kompis, provväv, omkring 1968, Ull och hampa, 32 x 26 cm,
Det Nya Museet, Sundbyberg
Kompis, provväv, sent 1960-tal, Ull, bomull, hampa, plast, 51 x 32 cm,
Det Nya Museet, Sundbyberg
Flaggan, sent 1960-tal, Ull, hampa, plast, nylonsnören, 29 x 47 cm,
Det Nya Museet, Sundbyberg
Fyra bilder av tredje världen, provväv MPR, omkr 1968, Ull, 23 x 23 cm,
Det Nya Museet, Sundbyberg
Öde land, 1968, Gobelin i ull, bomull, lin, hampa, 130 x 200 cm,
Statens Konstråd, Stockholm
Skråpuken, 1968, Annat namn: Exploatörens insignum, Gobelin, 115 x 115 cm,
Statens Konstråd, Stockholm. Placerad: Svenska ambassaden, Moskva
Lavsten, 1965 – 1970, Gobelin i ull, lin, bomull, hampa, 23 x 39 cm,
Tillbehör: Lavsten, liggande i träask av Karin Söderberg,
Privat ägo, Stockholm
Fyra bilder av tredje världen, 1970, Gobelin i ull, lin, 115 x 5000 cm,
Text: Ö.v: SIEMPRE,
Nationalmuseum, Stockholm
Musselstudie, mitten av 1970-talet, Ull, hampa, bomull, 35 x 28 cm,
Det Nya Museet, Sundbyberg

Musselstudie, mitten av 1970-talet, Bomull, hampa, 32 x 28 cm,
Det Nya Museet, Sundbyberg
I hennes ögon bevaras folkets ljus, provväv, 1971,
The Southern Women´s Museum, Ho Chi Minh-staden, Vietnam
I hennes ögon bevaras folkets ljus, 1972, Gobelin i ull, lin, silke med varp av svart lingarn, 86 x 190 cm,
V. bild: Mme Le Thi Rieng. H. bild: Kvinnor och barn i Son My,
Nationalmuseum, Stockholm
Sydvietnamesisk flyktingpojke, 1973, Gobelin i ull, lin, 54 x 37 cm,
Nationalmuseum, Stockholm
Nordvietnamesisk skolflicka, 1974, Gobelin i ull, lin, 56 x 38 cm,
Nationalmuseum, Stockholm
Syskonen, 1974, Gobelin i ull, 56 x 85 cm, Nationalmuseum, Stockholm
Snäcka, 1974, Gobelin i bomull, hampa, varp av bomull, 22 x 34,
Nationalmuseum, Stockholm
Blåmussla, 1974, Gobelin i bomull, ull, plastsnören, 27 x 29 cm,
Nationalmuseum, Stockholm
Lava, 1974, Gobelin i ull, lin, bomull, hampa. Varp av brunt bomullsgarn, 20 x 23 cm,
Nationalmuseum, Stockholm
Vietnamesisk flicka, 1975, Gobelin i ull, bomull, 96 x 65 cm,
Det nya museet, Sundbyberg
Abiskojokks kanjon, 1976, Annat namn: Stenstudie – en undersökning, Gobelin vävd med snören av hampa, bomull, papper, lin, ullgarn, barkremsor, 61 x 101 cm,
Det Nya Museet, Sundbyberg
Trä, 1974, Gobelin i ull, lin, bomull, silke, hampa. Varp av svart lingarn, 24 x 56 cm,
Nationalmuseum, Stockholm
Theodorakissviten, provväv till väv nr 1, 1978,
Privat ägo, Stockholm
Theodorakissviten, provväv till väv nr 3, 1974-75,
Det Nya Museet, Sundbyberg
Theodorakissviten, 1978, Fem gobeliner i snören av hampa, lin, ull och vitt grekiskt bomullsgarn, Vävda till musik av Mikis Theodorakis
Sång 1: **Gravsång**. Text: Jannis Ritsos, 53 x 94 cm,
Sång 2: **Jag är fronten**. Text: Mikis Theodorakis, 53 x 129 cm,
Sång 3: **Här är ljuset**. Text: Jannis Ritsos, 53 x 84 cm,
Sång 4: **Ännu en tid**. Text: Georgis Seperis, 53 x 85 cm,
Sång 5: **Gråt inte över Greklands folk**. Text: Jannis Ritsos, 53 x 104 cm,
Biblioteket i Sävar, Västerbotten

Fången, 1979, Gobelin i ull och grekiskt bomullsgarn, 54 x 83 cm,
Biblioteket i Sävar, Västerbotten
På denna mark, provväv, omkr 1978-79 Ull, bomull, 26 x 19 cm,
Det Nya museet, Sundbyberg
På denna mark, provväv, omkr 1978-79, Ull, silke, hampa, 26 x 19 cm,
Det nya Museet, Sundbyberg
På denna mark, 1979, Ull, lin, silke, 123 x 82 cm, Text: Tillägnad Vietnam,
Studieförbundet Bilda, Stockholm
ANC, 1980-1985, Ull, bomull, lin, hampa, 61 x 50 cm,
Det Nya Museet, Sundbyberg
To ANC, 1986, Ull, 60 x 82 cm, Privat ägo, Stockholm
Vårt enda rede är våra vingar, 1986, Gobelin i ull och lin, 78,5 x 99 cm,
Det Nya Museet, Sundbyberg
Brevet, 1988, Gobelin i hampa, bomull, lin och plast, 156 x 116 cm,
Privat ägo, Torekov
Hanna Keller, provväv av maskindel, 1991-92, Gobelin i ull och lin, 40 x
30, Privat ägo, Stockholm
Hanna Keller, provväv av Kellers ansikte, 1991-94, Gobelin i ull, lin, 40 x
30, Privat ägo, Stockholm
Hanna Keller, 1994, Gobelin, ull, lin, 220 x 100 cm, Väverska på Tuppens
fabriker i Norrköping, 1910-1920,
Arbetets museum, Norrköping
Gåtan, 2001, Gobelin i lin, ull, silke, bomull, konstfiber, 37 x 35 cm,
Privat ägo, Stockholm
Naturstudie, utan år, Ull, bomull, lin, 22 x 39 cm,
Det Nya Museet, Sundbyberg
Naturstudie, utan år, Ull, 40 x 52 cm, Det Nya Museet, Sundbyberg
Ropet, provväv, 2010, Gobelin i ull, lin, silke, 57 x 40 cm,
Privat ägo, Stockholm
Det vita mörkret, provväv, utan år, Ull, bomull, lin, 40 x 29 cm,
Det Nya Museet, Sundbyberg
Det vita mörkret, 2014, Gobelin i ull, hampa, lin, 185/188 x 435/450 cm,
Privat ägo, Stockholm
Skogsanden, provväv, utan år, Ull, bomull, lin, 30 x 35 cm,
Det Nya Museet, Sundbyberg
Skogsanden, provväv, utan år, Ull, bomull, lin, 29 x 39,
Det Nya Museet, Sundbyberg
Skogsanden, 2014, Gobelin i ull, lin, hampa, 180 x 160 cm,
Museum Anna Nordlander, Skellefteå

Fler vävar och provvävar finns hos Det Nya Museet, Sundbyberg.

Bildlista och fotografer/källor
Eva Björklund

Omslag "Ropet" provväv, Elisabeth Biström

4. Maria vid vävstolen med "Hanna Keller", Horst Tuuloskorpi
6. Monter "I hennes ögon", Vävda bilder.
   Riksutställningar/Arkiv
7. "Skogsanden" i gräset, Marias fotosamling;
   Gröna huset, Anna Holmgren
8. Maria i ateljén på Ringvägen, Gudrun Edel-Rösnes
9. Materiallåda, Vävda bilder. Riksutställningar/Arkiv
10. Maria visar och berättar, Vävda bilder.
    Riksutställningar/Arkiv
12. Akvarell, inskannad från utställningsaffisch, Länsmuseet, Halmstad
14. Utställningsprojektets innehåll, Ett brev om bilder
15. Turnéplan och bilder, Ett brev om bilder
17. "I hennes ögon bevaras folkets ljus", Eva Brita Järnefors
18. Granma 31 mars 1968, Delphin Xiques
20. Akke Kumlin, programblad Norstedts
    Porträtt av Anna-Lena, Eva Björklund
    Barnporträtt av Maria, Elisabeth Biström
    Maria med bröderna, Anna Holmgrens fotosamling
22. "Tisteln", Eva Brita Järnefors;
    Altarbonad, Kjesäter kapell, Eva Brita Järnefors
    Altarväv, Nya stadens kyrka, Lidköping, Valdemar Gerdin
24. Harald Langkjaer, Eva Björklund
    Wifredo Lan och Lo Laurin Lam, Marias fotosamling
    Material om Hanna Ryggen, Riksutställningar/Arkiv
26. "Kompis", Riksutställningar/Arkiv
    "Fyra bilder av tredje världen", Eva Björklund
28. Monter "I hennes ögon bevaras folkets ljus", Vävda bilder, Riksutställningar/Arkiv
    Maria vid vävstolen på Kvarnsgatan 1970, Riksutställningar/Arkiv
30. "Skråpuken", Eva Brita Järnefors
    "Öde land", Statens konstråd

32.	"Syskonen", Vävda bilder, Eva Brita Järnefors
	"Vietnamesisk flicka", Valdemar Gerdin
	"Morgontoalett i Vietnam", Lennart Malmer och Ingela Romare
34.	"Ett brev om bilder"
36.	Utställningsbesökare, Vävda bilder, Riksutställningar/Arkiv
	"Havsbanden", Vävda bilder, Riksutställningar/Arkiv
38.	"Pilen – en riktning," Vävda bilder, Riksutställningar/Arkiv
39.	Materiallåda, Vävda bilder, Riksutställningar/Arkiv
40.	Monter om garnfärgning. Vävda bilder, Riksutställningar/Arkiv
42.	"Abiskojokks kanjon", Eva Brita Järnefors
	"Gåtan", Annika Ekblom
43.	"Lavsten", Eva Brita Järnefors
44-45	"Theodorakissviten" och "Fången", Eva Brita Järnefors
46.	"Ropet", vävförlaga, Eva Björklund
47.	"Ropet" i vävstolen, Elsa Agélii
48.	"På denna mark", Eva Brita Järnefors
50.	Lucho knyter rya, Marias fotosamling
	Maria, kusin Jan Kumlien, och Anna-Lena, Marias fotosamling
52.	Maria och Anna-Lena, Marias fotosamling
	Maria, Anna-Lena och Ludvig, Eva Björklund
54.	"Brevet", Eva Brita Järnefors
55.	Akke Kumliens familjegrav, Eva Björklund
56.	"ANC", Eva Brita Järnefors
	"Det vita mörkret", detalj, provväv, Eva Brita Järnefors
58.	"Skogsanden" i vävstolen, Eva Björklund
59.	Maria och Sara i Missenträsk, Sara Lidman-arkivet
	"Skogsanden", utsnitt ur vävfoto, Elisabeth Biström
	"Skogsanden" utsnitt ur vävfoto baksida, Elisabeth Biström
60.	"Hanna Keller textilarbetare" i vävstolen, Horst Tuuloskorpi
	"Hanna Keller textilarbetare", provväv, Eva Björklund
62.	Maria med "Hanna Keller", Kjersti Bosdotter
64.	"Vårt enda rede är våra vingar", Eva Brita Järnefors
	Haralds SL-kort, passfoto Maria
66.	"Älskade Maria", Harald Langkjaers sista brev till Maria
78.	"Ett Brev om bilder"

Kanske har ni helt andra bilder att leva för – förutan vilka livet skulle te sig tomt, innehållslöst.

Tänk efter – känn efter!

Kanske ni kan tillfoga de bilder ni saknar i mitt försök till sammanfattning.

Till sist, En självdeklaration av en väverska, 1972

Till sist, en självdeklaration av en väverska.

Varför väva bilder?

Jag väver för att överleva. För att söka befria mig från starka inre tryck. För att öppet redovisa min ångest – och därmed kanske komma tillrätta med den.

För att minnas bättre,
somliga bilder får man inte glömma,
vare sig de outhärdligt omänskliga eller de varma, livgivande!

För att försöka återge bilden dess verklighet, dess ursprungliga tyngd i ett material som också kommer sinnena nära, inte bara tanken
i en tid då alltför många nyhetsbilder ständigt nöter ens förmåga att ta emot, att ta till sig deras innehåll,
då reklambilder, skickliga, effektiva! ständigt överfaller en, stjäl ens uppmärksamhet och söker rikta den enbart på sådana ting som låter sig köpas.

För mig innebär inte vävningen isolering eller avståndstagande
men ett sätt att söka göra verkligheten fattbar.

32.

Att väva tar lång tid - det är opraktiskt!
"Det opraktiska är det enda praktiska
i längden."

                    (ur diktsamlingen Färjesång av Gunnar Ekelöf)

Tanken fordrar sin tid, för att fästa i sinnet.

Känslan mognar långsamt i hjärtats jord,
i väven går ingenting att utelämna eller fördölja
inslag för inslag växer väven
och endast inslag för inslag.

Väl mött - tack för ert tålamod.
Jag blir mycket tacksam om ni har lust att höra av er.

Skriv gärna om ni vill fråga något, diskutera något,
om ni är missbelåtna eller glada för något jag sagt.

Varma hälsningar

Maria Adlercreutz

Maria Adlercreutz
Kvarngatan 20
116 26 STOCKHOLM
tel. 08/43 65 01

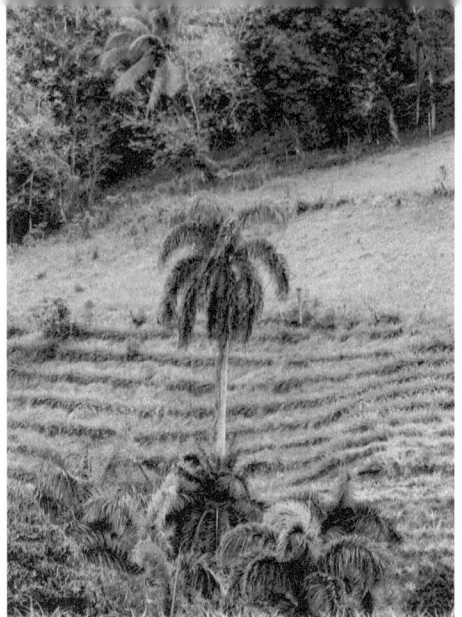

Bilaga

Maria Adlercreutz Stipendiefond

för främjande av studier och information kring Kubas ekologiskt hållbara utveckling

foto Linda Lundgren, Mariastipendiat

Maria Adlercreutz engagerade sig starkt för världens fördömda: frihetskampen i Vietnam, Sydafrika, Kuba, Västshara, Palestina, mot förtryck, utplundring och krig.

I vävstolen satt vid hennes död, ofullbordad, Ropet, Chile 1973: En röst i den väldiga mångfald som befriar sig ur maktlösheten för att bygga en annan värld i Latinamerika.

Maria fann inspriation, lugn och styrka i naturens skönhet och mångfald och engagerade sig i kampen för natur och miljö, och levde sparsamt, hållbart.

Maria testamenterade största delen av sin förmögenhet till unga kvinnors utbildning i Palestina, Västsahara och Afghanistan, till offren för giftet Agent Orange som USA spred över Vietnam, till Naturskyddsföreningen för att rädda bina. Och Svensk-Kubanska Föreningen fick pengar till en stipendiefond för att främja studier och information kring Kubas ekologiskt hållbara utveckling. Fonden har hittills delat ut fyra stipendier:

• Uppdatering av boken "Kubas omställning till ekologisk hållbarhet"
• Studiehandledning.
• Fotografisk utforskning av Kubas ekologiska jordbruk.
• Dokumentation av hur miljö- och hållberhetskunskap ingår i utbildningens olika stadier och i folkrörelsernas bildningsverksamhet.

Ansökan om bidrag från Maria Adlercreutz Stipendiefond-

skickas till
mariafonden@svensk-kubanska.se
senast 30 april eller 30 september,

Det finns många olika aspekter att studera och informera om: Kubas arbete för att minska utsläpp av växthusgaser, skydda skogen och kustormådena, bygga ut förnybara energikällor, minska kemikalieanvändning, ökad decentralisering, folkbildning och alla möjliga insatser för att behålla Kubas ekologiska fotavtryck inom ett jordklot.

Bara enskilda personer kan söka bidrag
Kunskap i spanska är en förutsättning
Stipendier kan utgå med högst 50.000 kr.

www.ingramcontent.com/pod-product-compliance
Lightning Source LLC
Chambersburg PA
CBHW030450220526
45464CB00006B/2479